海底捞

「地球人拒绝不了」的服务

楚材／著

文匯出版社

图书在版编目（CIP）数据

海底捞："地球人拒绝不了"的服务 / 楚材著．—上海：文汇出版社，2014.9

ISBN 978-7-5496-1256-7

Ⅰ．①海… Ⅱ．①楚… Ⅲ．①饮食业－商业经营－经验－中国 Ⅳ．①F719.3

中国版本图书馆 CIP 数据核字（2014）第 202885 号

海底捞："地球人拒绝不了"的服务

出 版 人 / 桂国强
作　　者 / 楚　材
责任编辑 / 戴　铮
封面装帧 / 嫁衣工舍
出版发行 / 文匯出版社
上海市威海路 755 号
（邮政编码 200041）
经　　销 / 全国新华书店
印刷装订 / 北京凯达印务有限公司
版　　次 / 2014 年 11 月第 1 版
印　　次 / 2019 年 1 月第 2 次印刷
开　　本 / 710 × 1000　1/16
字　　数 / 216 千字
印　　张 / 16

ISBN 978-7-5496-1256-7
定　价：36.00 元

如何说，员工才会听？
如何下命令，员工才会行动？

哈佛商学院经典案例

所有团队管理中出现的问题都有解决方案！

展现海底捞人如何“用生命做服务员”。

让用人回归简单，让经营回归简单。

HAIDILAO

“海底捞”，于员工而言，

“海”：大海宽阔，无穷无尽；

“底”：海底捞用人的原则，每个人都是平等的，必须从最底层做起；

“捞”：综合素质，用勤劳的双手去改变自己的命运。

于顾客而言，

海底捞的火锅有大海一样无穷无尽的食物，应有尽有，供顾客品尝。

学习海底捞，它的精神你学得会！

前言
说不出口的拒绝

“服务至上、顾客至上”，这朴实的八个字在全国很多的店铺里都能看到，但就是这八个朴实无华的字眼造就了传说一般的“海底捞”，使得这个发源于四川盆地中的火锅品牌蜚声中华乃至海外。

作为海底捞的一名忠实顾客，打心底里说，海底捞的味道绝对不是最好的，而且连海底捞的老大张勇也亲口承认了这一点；而且海底捞的价格也不是最亲民的，很多海底捞的食客们也深深认同这一点。但是我们就是没有办法直接拍着桌子喊一句：“价格太贵了！”“你的菜怎么不好吃啊？”

你做过吗？你敢做吗？为什么？

现在很多门店的候客等位区都提供了瓜子花生点心，有的还提供水饮料甚至咖啡，这都是跟海底捞学的。正所谓“一直被模仿，从未被超越”，海底捞免费区提供的零食迄今仍是全国数一数二的，各种水果都是最新鲜的还包甜，爆米花的味道也丝毫不比电影院的逊色甚至更好，等累了，女顾客可以去做个美甲，男顾客可以去擦个皮鞋；条件允许的情况下让老乡提供一下本土服务也不是不可以的。如果你以为这就是海底捞的服务那就错了，因为这充其量只能算个前奏。从吃饭到离席，服务员都会在你周遭忙上忙下，哪怕消费一块钱也能享受到 VIP 一般的服务，甚至你上个卫生间，在你关上门的那一刻之前，服务员的贴心服务都不会终止。请问这样的餐饮服务，中国有第二家吗？在一堆物超所值的服务面前，你的那些小埋怨还能脱口而出吗？只能蘸着海底捞秘制的酱料，一筷子将涮好的美味和着嘴边的话噎回肚子里而且没有怨言。

海底捞的服务总是让人意想不到，因此总能带给人们惊喜。2003年，海底捞蓬勃发展的路上遭遇了非典。一时间里，街道上空空荡荡，店铺外面更是门可罗雀。一方面为了让海底捞能够继续经营，一方面为了更好地让海底捞深入人心，卖火锅的海底捞居然推出了外卖服务。十年之前，当外卖都还不是特别时兴的时候，海底捞这个卖火锅的商家居然推出了外卖服务，并且为广大顾客提供了强大的有偿外送服务，如果有需要，外送员可以全程陪着你在家煮火锅，等煮完之后一切帮你收拾妥当再撤离，让你在家就能享受到店里一样的服务。正是这样的服务理念，在非典这种拖垮了万千商铺的特殊时期，海底捞依旧做得风生水起。

19年的时间里，海底捞通过“变态好”的服务成功地从四川简阳出发，先后登陆北京、上海、西安、郑州、天津、南京、杭州、深圳、厦门、广州等全国21个城市，国内直营的餐厅总数达到了91家，并且将发展的目光瞄准海外市场，成功地在新加坡、美国两个国家开设了海外直营店。

如今的海底捞不仅成为了食客们的聚会场所，更成为企业管理者与创业者争相学习效仿的对象。《海底捞你学不会》面市之后，更是引发了社会上对于海底捞经营理念的大讨论。“海底捞现象”或许比海底捞本身更具有深度发掘的价值。

本书着眼于海底捞“地球人拒绝不了的服务”，通过大量的张勇讲话、海底捞案例分析及其他著名企业的相关案例拓展，重点剖析海底捞的服务理念与管理模式，旨在为最广大的读者做一次“最海底捞”的经验分享。

第一章

人类已经无法阻止海底捞了

直到如今，仍没有人敢全盘效仿海底捞，因为从来没有一本商业书上说过：生意可以这样做。据说“望海兴叹”可能因此入选明年的年度热词榜。

第二章

海底捞的秘密：有服务就够了

“一招鲜，吃遍天”，海底捞在用实践演绎“变态好的服务是怎样炼成的”。

第三章

服务？义务！

在海底捞，没人跟你讨论“该不该服务”这种问题，类似于“买东西就得付钱”这种事情，有什么好讨论的？

第四章

一切自动自发：老板最终是个摆设

海底捞一般没机会催员工做事，除非是催你走人。

第五章

每种不同的服务背后都有一个微创新

创新就是为了让顾客能多点头。如果你能让每个顾客都点头，你就很伟大了，因为你居然解决了“众口难调”的世界性难题。

第六章

优秀的服务从来不只有服务而已

不懂才艺的厨子不是好侍者。

第七章

危机来临，那就换种方式服务

人觉得悲惨的事情是：危机来了，人却只能眼睁睁地看着；危机觉得最悲惨的事情是：它来了，人却把它变成了生机。

第八章

星级服务从招服务员抓起

训练和培育是两回事。培训是短期的，而服务无法速成，所以一般企业拉着员工去野外搞两三天的“服务培训”更像是集体郊游，没什么实质效果。

第九章

海底捞“家法”：自由与约束并存

海底捞的规矩是：一般的都不管，要管的都不一般。

第十章

管理也是服务

家庭是怎么管理的，海底捞就怎么管理。

第十一章

海底捞是熬出来的

廿年磨一剑，且学且珍惜。

第一章

人类已经无法阻止海底捞了

直到如今，仍没有人敢全盘效仿海底捞，因为从来没有一本商业书上说过：生意可以这样做。据说“望海兴叹”可能因此入选明年的年度热词榜。

满满的"潮范儿"：当互联网撞上了海底捞

一家火锅店有什么学不会的，但要说‘百度你学不会’，我觉得还可以。海底捞的服务做得很好，这点也许可以很快被学会，但互联网龙头企业百度是高科技公司，拥有多项核心技术，其背后的技术积累是很难被模仿的，经营好一家企业，这种核心竞争力是永续发展的关键。

——张勇谈海底捞学不会

延伸阅读

当大家还饶有兴致地在对《海底捞你学不会》中所阐述的服务理念进行深入学习时，海底捞又将自己的服务向时代的前沿推进了一大步。2013 年，海底捞的后台供应链真正实现了全国全网平台化服务，集中化采购、集中化中央厨房处理，海底捞在用实际行动证明，自己就是传统餐饮领域供应链的标杆企业。

互联网大时代之下，互联网思维如同病毒一般渗透进入各行各业的体制之内，并且被迫使得每个行业都开始产生"异变"，其中传统商业模式的改变更是让众多曾经的大佬直呼"看不懂"。京东、亚马逊、当当、1 号店等电子商务平台纷纷盛装起航，一时间，人们购物买东西都不再往商场超市里奔波，而是坐在家里的电脑桌边点一点鼠标，跑到门口用笔签个字就能收货。倍儿爽的消费体验让家乐福沃尔玛等传统商家节节败退，尽管实体商业在尽力躲避新时代的浪淘沙，但大势之下，小打小闹的改革犹如螳臂当车。

开在街边的餐饮业自然也躲不过互联网大潮的筛选。餐饮行业如何求变？当互联网撞上了海底捞时，又会有怎样的新鲜事儿发生？

其实，海底捞早在2003年就开始玩互联网概念了，十年的时间里，海底捞早已对此驾轻就熟，甚至可以说，互联网都快被海底捞给“玩坏了”：

早在2003年，很多人还不怎么上网的时候，海底捞就开设了自己的官方网站,并且成功地借此成功地打入北京市场;2005年,当微博还是新鲜事的时候，海底捞就在大众点评等网站上占据了一席之地，顾客打个分，海底捞的口碑就传出去了。海底捞2005年能在北京一口气连开5店靠的就是这个；2008年是社交网站的春天，海底捞自然赶在潮流的前沿，与诸多消费者开始进行网上互动，微博微信和手机客户端，海底捞不但一个没落下，而且还是行业里率先吃螃蟹的人……你以为只有电影院和飞机票能网上订座吗？海底捞2012年就可以了；你至今还在为琳琅满目的会员卡买卡包吗？海底捞早就推出电子会员卡了；你以为公共WIFI都是有信号没网速的吗？海底捞的WIFI说不定比你家的宽带快多了……

对于互联网这一新潮的概念，海底捞处理得恰到好处，与自身“服务至上”的理念进行了最完美的融合。为什么都说“海底捞学不会”，原因就在于海底捞没有一个模式，告诉你海底捞应该怎么去做。也正因为如此，当互联网撞上了海底捞时，海底捞表现出来的只有切合时代的“潮范儿”。

Business Develop

如今，国内市场正逐渐由原来的“产品竞争”转变为以“服务竞争”为基础的营销战略，大多数企业都将服务作为获得市场占有率的秘密武器。例如，中国电信提出“用户至上，用心服务”、全球最大的计算机信息工业跨国公司IBM的口号是“IBM就是服务”、联想集团甚至提出“将服务写进每一个人的DNA中”等。

盛大CEO陈天桥是中国最著名的财富新贵之一。他起家于网络游戏，却对网游技术一无所知，他的成功令人觉得不可思议。别人问陈天桥，你的商业哲学是什么？“我可以用一个词来概括——服务。”这就是陈天桥成功的秘诀。

在陈天桥看来，娱乐的人性化必须有人性化的服务手段的支持，游戏玩家面对的不是冷冰冰的电脑和软件，而是由情感因素维系和融合起来的一种氛围，为此，盛大引进了美国最先进的RSR令牌系统，为玩家提供世界级的中央监控系统，同时通过e-sales把各地的网吧作为销售终端，网吧老板只要在盛大网站上登录注册，就可成为盛大在各地的经销商，可以在网上直接获取账号，而不用跑到书报厅去买卡。

在盛大位于上海的服务中心，电话服务中心平均每天要接听8000个来自游戏迷的电话，回复1万条寻求帮助的电子邮件。游戏在线人数飙升，达到十万人级别的时候，盛大全国的服务器增加到了几十组，原有的服务系统面临崩溃。陈天桥毫不犹豫投入500万元巨资，建了一套大规模的呼叫中心。呼叫中心规模可与电信级呼叫中心媲美，平均每天接听超过3000个电话，相应问题提交、答复只需24小时。

服务为陈天桥带来巨额财产。但是，令陈天桥更为高兴的是，盛大的服务得到了社会的认可。在由中国质量学会、中国名牌商品学会等单位举办的“2002年中国市场消费商品质量信誉竞争力调查”中,“传奇”被列为同行业第一品牌，“监管网络管理员”、“24小时回复”、“双密码认证”等盛大首创的服务模式已经成为中国网络游戏业的默认标准。

陈天桥说，盛大对中国游戏产业最大的贡献之一是提出并实践“服务”的概念。在盛大之前，国内所有的软件开发商、销售商、游戏运营商都是以商品销售作为核心。当看到盛大 2001 年提出服务理念并以服务为企业发展核心取得显著成果之后，很多运营商逐渐研究并模仿盛大的服务模式。陈天桥认为，盛大的核心竞争力不是游戏的运营，也不是产品的研发，而是盛大的服务理念。

叫板百年老店：连“全聚德”都有危机感了

在海底捞就餐一定会有好和坏两种不同体验……我们会竭尽全力，努力改进。因为我们除了开火锅店啥都不会。

因为网络的关系，大家现在提起海底捞，都觉得很神奇，好像海底捞很好；但是如果你抱着这种想法来，肯定会失望。网上表扬的是我们的服务态度好，其实态度没有什么不好的。你到别人的饭店去，吃饭难道别人把你往外推吗？没有一家是这样的，你凭什么说比人家服务好？服务态度只是服务好其中一个很小的环节，我们理解的是包括口味、环境、食品安全等很多因素，服务是一个综合的东西。

海底捞的服务也是一个表面现象。尤其在扩张、员工增多之后，通过层层组织结构的递减，最终会变成另外一个东西。而且海底捞的服务真就那么好吗？肯定没五星级酒店好，只是顾客的需求没那么高。但说多了有时就会晕，以为自己真是最好的。

——张勇谈海底捞的服务态度

延伸阅读

北京是中国餐饮业最为火爆的城市之一。皇城根儿脚下的这座城市因为有着深厚的文化历史积淀，因而连吃都变成了一件非常讲究的文化事儿。一直以来，北京的诸多美食都为国人称道，全聚德的烤鸭就是其中之一。然而，这家百年老店如今也感受到了来自时代和对手的强大压力，海底捞便是其中之一。

根据全聚德2013年财报，期内实现营业收入19.02亿元，归属于上市公司股东的净利润为1.1亿元，同比下滑27.62%。这成为全聚德2007年上市以来交出的最差一份年报。同时，其年报还显示，期内共接待宾客730.55万人次，同比下降3.44%；人均消费同比下降2.22%，上座率同比下降4.14%。至于利润就更加不用说了，据全聚德一名股东透露，如今全聚德的年净利润就2个亿，连新来的海底捞都比不上。全聚德到底怎么了？

原来，这是全聚德不良的就餐体验造成的。一些食客表示："几年前，全聚德都是四十几岁的服务员穿着旗袍，现在服务员倒是年轻了一些，但除了鸭子味道不错外，其它的没有什么改变。""人少了，但服务员的态度仍然有老国企时的影子，要三杯白开水，催促了服务员三次才给倒上。"

凭借着北京"名片"与"中华老字号"的金招牌，全聚德发现自己已经比不过四川一个小城走出来的海底捞。"求变"的意愿也开始在全聚德的内部酝酿起来。

其实，叫板全聚德的不是海底捞，而是日渐挑剔的食客们。相对老大牌们的傲气，海底捞显得更为平易近人。海底捞总是会站在顾客的立场去满足他们的需求。点餐的时候，服务员发现很多顾客点的菜品种类很多，但到最后几乎每份菜都有剩余。针对这种情况，海底捞推出了半份菜和拼盘。这样一来，一方面顾客能尝试更多的菜种，另一方面又减少浪费，自然让人感到无比贴心周到。

曾经有顾客反映海底捞的免费豆浆口感不好，因为豆渣太多了。于是，海底捞立刻着手改进并推出更多的免费茶水供顾客选择。有人说海底捞的口味一般，于是海底捞积极对火锅底料的制作流程进行优化，目前已经推出9种不同口味的汤底，可谓是酸甜苦辣，一应俱全。对于那些故意刁难的顾客，海底捞员工也是心平气和，好言相对，冷静处理他们的无理抱怨，力求做到让他们无可挑剔。

有一次，一位顾客用餐结束后，服务员按照惯例送上果盘。顾客看了一眼，不悦地大喊道:“西瓜？！不行,老子要吃橙子！”服务员一听,这可真是为难了:“对不起，本店现在没有橙子。”可是，这位顾客依然不依不饶:“没有就去买啊，吃不到橙子我是不会埋单的。”

服务员依然面带微笑地回答道：“对不起，我们每天提供的免费水果是不一样的。如果您这么喜欢吃橙子，那么下次您过来的时候，我们一定专门替您准备。”

这位客人还是不为所动，继续无理取闹：“别跟我废话，你赶紧给我去买。”服务员只得去请示店长，店长略有所思，向服务员强调道：“让他冷静一下，过几分钟再去问问。如果他执意如此，你就去给他买橙子。但是无论怎样，千万不能发生正面冲突。这对我们店的影响不好。”

面对这样言语粗鲁，故意刁难的顾客，海底捞的员工仍然表现出友好的态度，最后成功避免了争执。

Business Develop

顾客就是上帝，在市场竞争日趋白热化的现代社会，各大企业之间的竞争已经由产品之间的竞争演变为服务之间的竞争。在这种趋势下，海底捞凭借贴心的服务，创造了惊人的顾客满意度，争取到巨大的市场占有率与利润空间。

国内外许多成功的企业在处理事情时都像小企业，即大企业也懂得小经营，竭尽全力地赢得顾客。市场没有贵贱差别，顾客也没有等级之分。有眼光的经营者总是将每一位顾客看作重要顾客，并提供细致周到的服务。

日本著名跨国公司松下电器的创始人松下幸之助对产品的销售服务特别重

视，这是松下电器“顾客至上”的应有之义。

对于“厂价销售”、“让利销售”、“有奖销售”、“配送销售”、“降价销售”等形形色色的促销法，松下幸之助不太重视，他认为这些都是促销法的皮毛、枝节，根本的问题在于服务。顾客希望买到优质的货品，并在购买的时候受到热情的接待，在售后能获得周到的服务，这才是企业经营要注意的重点。松下幸之助说：“在任何场合，都应在服务的范围内做买卖。如果对于销售的产品无法做完全的服务，这时就应该考虑把销售的范围缩小。”他对服务的重视由此可见一斑。

松下幸之助集70余年经营经验总结出30条经营秘诀，其中有16条是在讲服务质量：

1. 不可一直盯着顾客，纠缠不休，要让他们轻松自在地尽兴逛店，否则顾客会被赶走。

2. 能否把顾客看成自己的亲人，决定了商品的兴衰。只有把顾客当成自家人，将心比心，才会得到顾客的好感和支持。因此，要诚恳地去了解顾客的需求。

3. 销售前的奉承，不如事后的服务。生意的成败，取决于能否使新顾客成为常客。而要做到此，就得看是否有完美的售后服务了。

4. 要把顾客的所有责备当成神佛的呵护，倾听顾客意见后立即着手改进，这是做好生意绝对必要的条件。

5. 只花一元的顾客，比花100元的顾客，对生意兴隆更具有根本影响力。小顾客是多数，对他们的热情接待可以给商店带来源源不断的生意。

6. 不是卖顾客喜欢的东西而是卖对顾客有用的东西，这样是真心为顾客着想，当然，也要尊重他的嗜好。

7. 无论发生什么情况，都不要对顾客摆出不高兴的脸孔，这是商人的基本态度。切记遇到顾客前来退换货品时，态度要比出售时还要和气，这样才能换来顾客的满意。

8. 当着顾客的面斥责店员，或夫妻吵架，这同样是对顾客的不礼貌。

9. 广告是把商品情报正确、快速地提供给顾客的方法。因此，宣传好商品和出售好商品一样是件善事。为好商品打广告也是企业对顾客应尽的义务。

10. 即使赠品是一张纸，顾客也会高兴的。如果没有赠品，就赠送“笑容”。赠品送久了会失去新鲜感，但笑容是魅力长存的。松下幸之助说：“虽然招待顾客观光的方法不错，但只要以一颗随时感谢的心，用笑容接待经常光临的顾客，那么即便没有招待旅游的活动，顾客也会满意的。相反，如果缺少笑容，即使招待顾客观光，也无法与顾客维持良好的合作关系。”

11. 要不时创新、美化商品的陈列，这是吸引顾客登门的一个秘诀。

12. 商品卖完缺货，等于是怠慢顾客，这时理应道歉，并记住留下顾客的地址，说“我们会尽快补寄到府上”。但漠视这种补救行动的商店特别多。平日是否注意累积这种能力，会使经营成果有极大的差距。

13. 要节约生产经营的成本，争取低价，但决不二价。对杀价顾客就减价，对不讲价的顾客就高价出售，这种行径对顾客是极不公平的。对所有顾客都应统一价格。

14. 孩子是“福神”，先照顾好跟随来的小孩使顾客心里舒服，是永远有效的经商手法。

15. 商店应该制造顾客能轻松愉快进出的气氛。敞开商店的大门，并且精神饱满地工作，使店里充满生气和活力，顾客自然会聚拢过来。

16. 要得到顾客的真心赞美：“只要是这家店卖的，就是好的。”商店如人，也有自己独特的面孔，因为信任那张脸、喜爱那张脸，人们才会去亲近光临。

走下神坛？
海底捞在美国真的行不通吗？

他们想要什么，我就提供什么。

——张勇谈海底捞的美国战略

延伸阅读

2013 年 9 月 7 日，海底捞终于在美国洛杉矶富人区阿凯迪亚市（Arcadia）安家落户。海底捞的开业在当地是一条重大的新闻，因为生活在当地的华人们对这样一家中国名牌火锅店的开业寄予了重大的期待。

海底捞不是进入美国的第一家中国餐饮企业，因此自然懂得进入美国市场前的那些“文化改造”。中国海底捞餐厅提供的诸多特色服务，到了美国只能纷纷“下马”，如专为候餐的女性而提供的美甲服务是必须被取消的。这与美国的餐饮检测标准有关。美国相关法律规定，餐厅只能提供饮食相关服务，至于美甲，一来与饮食没有任何关系，二来这种材料可能会对餐厅内的食物造成污染。美国相关部门也表示，无法理解中国海底捞餐厅为什么要增设一条如此“不卫生”的服务内容。

菜单也做了相应的调整。不合乎美国人饮食习惯的涮菜和锅底自然也是必须下架的，国内倍受欢迎的酸汤鱼锅底就是其中之一。中国人喜欢一边吃火锅一边喝白酒，但美国人不好这一口，烈酒之类的也必须被其他饮料代替。海底捞甚至考虑到了美国人分盘而食的习惯，将具有中国特色的大火锅改成了一人一锅的小火锅。

不过，尽管有了这些前期的准备，海底捞在美国市场的第一家店仍旧开得不顺利。甚至可以说仍有诸多失误。一个是海底捞的价格没有优势。即使40美元这一超出其他同类店铺一半的人均消费价格也吃不到太多的东西，1个锅底、1份蘸料、1盘肉、1份鱼片、1份青菜便是全部，较低的性价比让很多美国的顾客望而却步。另一个则是海底捞全中文版的菜单让很多美国顾客觉得“毫无亲切感”。

针对这两大硬伤与诸多海底捞粉丝的失落，张勇专门发微博予以澄清道：“价格贵说明市场调研不足，中国产品在外应便宜取胜。而我们在新加坡高于同行的定价小有成绩后变得有些主观，听取各方意见不够。没有英文菜单说明顾客是上帝的价值观不牢固。大家的关心帮我们照了镜子洗了澡。也请大家给我们美国团队机会，毕竟他们远离故土开业才半月。当然我们还是有些急于求成。”

对比起来，由于美国与中国的文化有着本质的区别，美国的人民更注重于自身的利益，一些在海底捞看来是为顾客细心服务的内容，到了美国也许就成为了侵犯人权的把柄。比如某服务员若是听闻一位顾客在对话中提到了生日而临时送上一份小礼物的话，可能会被顾客视为窃听隐私的恶性行为。

从上面看来，海底捞在中国市场上的很多优势都派不上用场。海底捞在中国走的就不是口味路线，而是服务路线。这些个性化的服务纷纷碰壁，海底捞在美国该如何走下去呢？这一在中国市场被奉为圭臬的企业难道要走下神坛吗？

现在做出这样的结论尚且为时过早，海底捞已经针对存在的问题进行调整。事实上，任何一家中国的企业在进入美国市场之前都要经历一段磨合期，海底捞也不例外。海底捞现在在琢磨的是，美国的顾客到底需要什么。虽然中美两国的文化有着显著的差异，但在服务体验上，全世界都是有共鸣的。

每个人都有一个切入点，美国人只是一批新顾客而已。在“他们想要什么，我就提供什么”的理念下，海底捞必然能在美国坚定地走下去。

Business Develop

当人们通过淘宝购物时，在交易结束后系统总会提醒顾客去对此次交易做出评价。随着评价制度的不断完善，越来越多的顾客在购买货物时会首先研究别的商家给出的评价，一个差评可能就会让不少顾客止步。而那些好评如潮的商家则会因此获得更多的订单。海底捞的优质评价就是这样积攒起来的。

类似的还有顺丰快递。王卫在创业之时根本没想到过要通过这种口口相传的方式让顺丰走出去，他只是一个劲儿拼命的干，每天送更多的货，总之就是做到别人没有做到的事情。这种观念在他后来的发展中都不断表现出来。随着顺丰的成长，突然有一天，王卫发现自己根本不需要在宣传品牌上花很大的功夫，只要创造出不同于其他快递企业的独特性，就能够拿到可观的市场份额。一旦用户对顺丰产生认可，单靠用户之间的自发交流就能不断传播，而且传播的范围比起其他营销方式要广很多，从而可以使顺丰的品牌能够被更多人熟知。

但是王卫也知道，这种营销方式的根本是一家企业能够提供多高质量的服务。为此，王卫在打造顺丰高质量的服务上做了许多考量。首先，推出自己快速的特色；其次，打造自己独有的服务体系；第三，做到其他快递无法做到的高效。

通过这些举措，王卫顺利地打造出适应顾客的体系。首先，人们传播的服务或者产品要有非常出众的特色，最好能够让每个顾客一句话概括出来。一旦内容过长，或者最直观的感受不容易描述时，顾客就会丧失耐心，不愿意再担当这个“传播者”的角色。第二点就是服务质量一定要以顾客中心进行考量。没有任何金钱或者利益驱使，若果能够让大部分顾客感受到优质服务，自然会带动更多的“传播者”。

而为了让顾客享受到更好的服务，顺丰在员工管理上也煞费苦心。经过了许久的研究之后，而今顺丰实行的是员工评分制度。在这个制度里面，员工每个月每增加 1 分，该月的绩效奖金就能提高 10%，最高限度是 10 分，超过了 10 分则可以优先享受升级、加薪、晋级等待遇。相对应，若是扣分的话，绩效工资就会相应地降低 10%。由于这项制度与员工们的工资直接挂钩，因此许多的员工都为了加分而不断努力。

摆在海底捞美国分店面前的也是类似的情况。海底捞从来不缺口碑，缺的是与美国市场对口的服务上，只要解决了这一问题，将海底捞在中国成功推广的方式复制到美国并不是一件困难的事情，毕竟有关于互联网传播等的理念，美国比中国懂得更多。

第二章

海底捞的秘密：有服务就够了

"一招鲜，吃遍天"，海底捞在用实践演绎"变态好的服务是怎样炼成的"。

海底捞的缺点
是找不到缺点

我18岁进工厂,成为拖拉机厂的一名电焊工人,上班几年后觉得无聊,就在街边摆起了4张桌子,开始卖麻辣烫。这种状态持续了2年,1994年3月,海底捞第一家火锅城在四川简阳正式开业,我、我太太、同学和同学太太4人,就是海底捞的创业团队。那时我连炒料都不会,只好买本书,左手拿书,右手炒料,就这样边炒边学,可想而知,这样做出来的火锅味道很一般,想要生存下去只能态度好点,客人要什么速度快点,有什么不满意多赔笑脸。因为我们服务态度好、上菜速度快,客人都愿意来吃,做得不好客人会教我做。我发现优质的服务能够弥补味道上的不足,从此更加卖力,帮客人带孩子、拎包、擦鞋……无论客人有什么需要,我都二话不说,一一满足。这样做了几年之后,海底捞在简阳已经是家喻户晓。

我做火锅是偶然,但也算歪打正着,因为火锅相对于其他餐饮,品质的差别不大,因此服务就特别容易成为竞争中的差异性手段。

——张勇谈服务的差异化战略

延伸阅读

在如今火锅林立的城市,海底捞究竟是靠什么打败众多竞争对手,异军突起的呢？谈到海底捞，它不像小肥羊火锅有特色的涮羊肉，也不像呷哺呷哺那样装修时尚，吸引众多年轻情侣，更没有麻辣诱惑火锅入口难忘的味道。通过大众点评网的随机调查，在北京地区，无论是特色、环境还是火锅口味，海底捞都没有优势，而海底捞真正的撒手锏是堪称“变态”的服务。

海底捞的服务并不是后来发展壮大后才慢慢形成的，张勇在简阳开第一家海底捞火锅的时候，就已经确立“服务第一”的经营理念。1994 年，张勇把海底捞开在了简阳热闹非凡的火锅一条街——四知街上，拥挤的火锅城里挤满了七八家火锅店。当时张勇完全是火锅业的新丁，既没有固定的客源，又没有独家火锅秘方，甚至连炒料都不会。

意料之中,刚起步的海底捞生意惨淡无比。为了招徕顾客,张勇开始主动出击。在火锅城门口的街边，每天傍晚都会有一群民工路过，张勇就每晚守在路边的电线杆旁，看见他们路过就主动到招呼。这样一直持续了大半个月，张勇的人情攻势起了作用，有点难为情的魏大哥带着手底下的人决定去尝尝海底捞火锅。

为了抓住来之不易的顾客，张勇在服务时打起十二分精神，尽心尽力。把餐桌擦得一尘不染，请顾客入座，在等火锅的时候，张勇热情地给顾客加茶水，还送上免费的腌白菜、黄豆粒等小吃，陪客人聊家常；火锅上了之后，张勇更是全程站在身旁，不时提醒小心烫着，手脚麻利地给客人续茶水和换干净的餐盘，客人无论有什么要求，张勇都是二话不说，全部满足。

几个小时过去，在张勇的全程服务下，顾客吃得兴致高昂，最后也是对张勇和海底捞大加赞扬，尽兴而去。不过，这群顾客的满意也令张勇感到纳闷：为什么平时客人来吃了以后就不再来了呢？难道是今天做得火锅非常对味？好奇之下的张勇尝了一口火锅汤，不尝不知道，简直是难吃得不行，火锅底料放了太多的中药材，完全没有了火锅味，全是中药的苦涩味道，真不知道那群客人怎么下得了口。

但是刚才客人的高兴显然不是装出来的，而且也没必要装，客人的确是非常满意。张勇开始思索到底是什么令顾客能够接受这非一般的火锅，最后张勇的答案就是他殷勤的服务为他加了分。张勇认识到，火锅，尤其是四川的麻辣火锅，吃到一半时，顾客的味蕾一般早已麻木了，在这一刻，任何火锅的口感都已经是大同小异，人们能感受到的就是眼前的服务。

从此张勇认为，顾客在吃火锅的过程中，每家火锅店的火锅口感基本没有太大差别，更不会形成梯次。在此基础上，能吸引顾客的就是眼睛看得见的服务，优质的服务能够让海底捞和其他火锅店之间形成差异化。有了这个认识之后，张勇开始主抓海底捞的服务质量，很快，他的火锅店便在简阳市内名声大噪，不到一年的时间，曾经开着七八家火锅店的火锅城变成了海底捞独家火锅城。直到今天，海底捞依然保持“服务第一”的宗旨，这也是顾客选择海底捞的主要原因。

Business Develop

任何一条成功的企业战略，都有其适用的范围。差异化服务战略让海底捞脱颖而出，但差异化战略并不是企业商海浮沉的“万能救生衣”，不可为了差异化而差异化，而应立足于行业和企业的具体情况。

自从管理大师迈克尔·波特提出差异化战略后，很多企业懂得了主动差异化是领导品牌，封锁跟随者的利器，同时，它也是挑战者或后来者争夺更多市场的法宝。众多企业渴望用独一无二来打造自身的竞争优势，迫切地寻找自己的与众不同之处。但是有些企业对差异化僵化理解成“有差异就好”，所以市场上出现了很多没有意义的差异化。

差异化是一个十分有效的竞争战略，但并不是所有企业都适合差异化战略，也不是所有的企业实施差异化战略都能获得成功。

首先第一点要明白：市场的需求是第一位的，市场需求推动了新业务的发展。顾客真正想要的，是更好的产品和服务，而不是更多的差异化。需求永远是比竞争更重要的原点，差异化不是为了避开竞争，差异化的目的是为了满足对手所没有满足的顾客需求。

其次，要准确定位差异化战略。譬如娃哈哈曾经推广过一个叫“维生素水”的饮料。研发者认为，含维生素的水肯定要好于那些不含维生素的水。但是市场反馈的情况是：注重维生素的消费者会选择果汁类型的饮料。不管商家怎么说，消费者都认定果汁饮料要比维生素水更具维生素、更好喝。所以，即使娃哈哈这样的大品牌，一旦差异化定位错误，产品同样推不动。

最后，切不可为差异化而差异化。企业的差异化战略一定要立足在消费者需求的基础上进行，并最大可能获得顾客的理解和认同。

华龙面业六丁目方便面的成功在于运用差异化战略，牢牢地把持住低档面市场。低档面市场是方便面巨头康师傅与统一暂时不愿意进入的市场，但这个市场需求量非常大，虽然有众多本土方便面企业进行恶性竞争，但各区域市场上始终没有强势品牌。华龙面业看到了产品差异化契机，绕开与行业巨头的竞争，全面进入低档面市场，打造强势品牌，采取低价策略，从而击败众多本土品牌，确定霸主地位。

针对北方人尤其是河南人爱面食、市场基础特别好，但对方便面性价比非常敏感的需求特点，华龙推出零售价只有 0.4 元 / 包的六丁目，以“惊人的不贵”成功实施差异化战略。随着广告的大力宣传，六丁目出奇制胜进入老百姓的视野，受到了老百姓空前的追捧，一举成为低档面的领导品牌，年销量达六七个亿。

顾客需求是市场灵魂。从市场营销的角度讲，每一种需求都可以成为差异化战略的出发点，但是，并不是每一种差异化战略都能获得市场认可，只有准确把握目标顾客的关键需求，创造出顾客所期望得到但竞争对手尚未提供的顾客利益，才能获得巨大成功。所谓顾客关键需求，就是对购买决策产生重要影响的利益需求。在差异化战略实施方面，顾客关键需求才是战略实施的根本。

一千个客人，就有一千种服务方式

客人是一桌一桌抓的，丢一个就是丢一桌。

——张勇谈吸引客人

延伸阅读

对餐饮行业来说，“一桌”就是一个顾客单位，假如发生质量事故，那丢失的将是这一桌客人，甚至会影响每个顾客身边的一群人。当然，吸引顾客也是同样的道理。

一个周末的晚上，海底捞上海区分店的包房里接待了一个家庭聚餐。在吃饭的过程中，服务员张耀兰发现女主人把盘中用来点缀菜色的萝卜丝都吃掉了。张耀兰迅速地做出反应，招呼厨房准备了一盘萝卜丝，又到调料台加入一些调料，调出了一盘色香味俱全的凉菜。

当萝卜丝端到桌上时，大家纷纷说没点这个菜。张耀兰望着女主人说：“我猜您喜欢吃萝卜丝，所以专门调了一盘赠送给您。”这桌客人开心极了，不但很快把萝卜丝一扫而光，男主人还用菜汤拌饭，连连夸赞这是他吃过的最好吃的饭。

张耀兰用这一盘萝卜丝抓住了这桌客人的心，之后他们几乎每周来一次，还带来了另外两个家庭。一桌客人很快就变成了 3 桌客人。

张勇在提出“客人是一桌一桌抓的”时，还有另外一个意思，即每桌客人都是一个生活圈子，小孩、老人、孕妇、情侣等，圈子和圈子间的饮食习惯和用餐方式是不一样的。比如有的喜欢有人随时在旁边服务，有的则喜欢自己涮菜；有的喜欢点自己喜欢的，有的则喜欢有人推荐特色；有的喜欢拌好的调料，有的喜欢自己调味；有的喜欢点全份，有的喜欢点半份，等等。

顾客群体不一样，有不一样的需要，所以抓住他们心的办法也就不同。

Business Develop

海底捞按照不同顾客的需要，提供不同的服务，这就是一种好的服务营销。现代经营观念认为服务同样是真实的，服务也能创造价值，而且能创造更多的利润。

美国惠而浦公司是全球最大的家用电器公司，公司生产的洗衣机质量是最好的，但利润相当微薄。近年来，公司以洗衣机为载体，强化洗衣服务，盈利状况大有好转。他们的办法是到大学、大公司送洗衣机，如到一所大学送 1000 台洗衣机，不要钱，但要求有地方存放洗衣机，每天为学生和员工洗衣，洗衣自然要收钱，只要洗衣机不坏，一直可以洗衣收钱，这样得到了可观的现金流量，相应赚取了利润，这说明服务确实能够创造新的价值。

具体来说，服务创造价值可以通过两种方式实现：

第一种方式是增加服务功能，在产品上附加新的服务，如送货上门、免费包修、免费培训、提供咨询等，这些服务都是促销手段，为客户提供超值服务，使产品更好地赢得客户，从而间接增加了利润。

第二种方式是以产品为载体，专门为客户服务，把服务作为赢利的主体，这是更为积极的服务方式。现在许多跨国公司都这样做，例如福特汽车公司，他们对 VIP 客户实行特殊服务，主要是在客户汽车上装有控制软件，与公司的网管中心相连接，通过因特网可以随时跟踪汽车行驶。发现汽车零部件有故障就提醒更换，汽车丢失可帮助寻找，有新的汽车软件及时提供升级，等等。

将产品作为服务的载体是十分高明的经营，这是成本很低而收益丰厚的经营之道。就像海底捞送出的一个冰淇淋，一碗鸡蛋羹，或者一罐辣酱。

随着市场竞争的不断深化，服务已逐渐成为衡量企业竞争力的杠杆。服务营销最重要的就是服务质量，但是这里的服务质量又不仅仅是指服务过程中的水平、技术和熟练程度，更包括选择什么样的服务对象，如何实现服务，如何使服务成为下次营销的促销活动，等等。

通过服务获取销售额和公司利润的提升本身就是公司营销过程中的一种创新。在这个创新的过程中，由于所有的服务人员有了销售的目标，他们往往会发现更多的新思路、新渠道和新模式，而不像以往在对服务部进行考核的时候仅仅通过顾客满意度调查、退换货率等指标来衡量，这些指标产生的往往是负激励。而有了销售任务和销售目标的时候，员工得到的更多的是正激励。

同时，服务营销又是对服务质量、服务水平的一个提升。这种提升源自员工自身。如果一个服务人员去做服务，那么他会觉得自己是在做一种解决问题和解决麻烦的工作。但是如果把服务定义为营销，或者为服务赋予营销的使命，服务人员会觉得去给客户解决问题还是一种营销，是可以创造价值的工作。同样的工作，不同的定义会让员工有不同的感受，不同的感受会带来不同的工作方法和工作态度。

服务营销已进入整合时代，那种小打小闹、四面出击、缺乏规划的服务营销只会增加运营成本、降低服务效率，甚至增加客户叛离的机会。因此，企业必须学会像营销产品那样营销服务。企业欲成功操作服务营销，就必须洞悉并把握服务营销的趋势与脉搏：

趋势一：服务营销品牌化

生产商不但要打造企业品牌、产品品牌，还要打造服务品牌，并且三者之间相辅相成、相得益彰，IBM是打造服务品牌的最大受益者。因为客户不仅要关注产品的综合素质，更要看销售服务，优质的、品牌化的销售服务已经成为产品附加值的重要组成部分，已成为市场竞争的着力点。

趋势二：服务营销个性化

市场消费需求越来越个性化，服务也要随之个性化，这对企业提出了更高的要求。企业不但要进行产品市场细分，还要进行服务市场细分，甚至不但要“一对一”销售，还要“一对一”服务。通过把客户进行细分，针对不同类型客户量身提供差异化服务，这是服务营销的未来准则。

企业要严格区分客户质量与客户规模，制定不同的服务政策，满足不同的客户各异的需求。随着软件技术的发展，为数据化管理客户创造了条件，也为细分客户、满足客户的个性化需求创造了条件。戴尔电脑以直销闻名，戴尔的服务理念是与客户建立直接的联系，从与客户的第一次接触起，直到随后的服务，都通过为客户提供单一责任点来实现戴尔公司的客户体验。通过直销模式，无论是最终用户、小型企业客户还是大客户，戴尔对客户在服务和技术支持方面的要求都了如指掌，并针对每个客户的具体要求提供全方位的满意服务。

趋势三：服务营销多元化

服务平台多元化、立体化，为客户创造最大的便利，这是4C理念下服务的总体指导思想。很多生产商已建立了店面服务接待（销售服务中心）、平面服务载体（自办服务指导性刊物、宣传品等）、语音服务载体（设有电话中心或呼叫中心）、移动服务载体（服务交通工具）、网络服务载体（建设互动网站）等多元化服务平台，使客户拥有更多接受服务的机会。

同时，企业在“被动”接受客户提出的服务要求的同时，也在主动地利用多种沟通渠道进行客户访问，提供计划性、制度化、流程化的销售服务，诸如电话、传真、电子邮件、信函、上门访问等多种渠道提供服务。因为生产商知道，必须给客户创造一个便利、通畅的服务通道，否则可能会给企业带来很多麻烦，如质量事故得不到及时处理就会失去客户忠诚，甚至被客户投诉到消协、媒体等，给企业带来更大的危机。

越是看不到的地方
越要花功夫

我们将成本花在很多看不见的地方。市场还没有要求我们的时候我们已经做了，按照传统的方式，原材料运过来之后我们的服务员清洗一下就可以了，但是这个蔬菜跟人的皮肤一样都是有毛孔的，如果你是简单清洗是清洗不了的，一定要冲洗几次才可以把毛孔里面的细菌拿出来，这就需要技术，要花很多钱，我们就是这样做的，包括仓储也是，传统的仓储比如说辣椒放在那里，会有霉点，按照欧盟标准这是不允许的，在一定的温度和湿度下面它会保存一年，非常自豪的是我们可以达到这个水平，这才是我们最自豪的地方。

——张勇在2010稻盛和夫经营哲学
国际（青岛）论坛上的发言

延伸阅读

海底捞的品牌不是借由媒体的宣传造势，而是将所有精力集中在顾客身上，通过顾客亲自品尝与体验来掳获其心的。不像麦当劳强大的宣传阵势，海底捞几乎没有打过广告，全凭自身产品和服务品质说话。凡是去过海底捞的顾客，即使是同行，全都被食物的美味可口所吸引。“好吃”的背后离不开海底捞对火锅品质的细致投入。

在原料采购方面海底捞有着严格的控制，特别是蔬菜类菜品。海底捞的蔬菜全部采用直采的方式，即直接同农场或者农户沟通，经采摘后送到各个店面。一般蔬菜类的菜品时效性很强，这样一来，蔬菜的新鲜度就能得到保证。此外，海底捞会派专门的品控团队对蔬菜上的残存农药进行检测。若是农药量不在安全标准以内，那么菜品就会被退回。这就难怪海底捞桌面上呈现的均是新鲜欲滴、水分十足、绿色无害的蔬菜了。

不仅如此，海底捞对食材的清洗也是用心良苦。简单的清洗根本没办法洗净蔬菜中的细菌，为此海底捞在其物流配送中心下设立加工车间，由专人负责对菜品进行温度、湿度控制和安全卫生的检查监督。

为了保证食材的绝对安全，海底捞对食材的配送和储藏也十分重视。运输食材的车辆必须经过检查、消毒和清理后才能使用。车辆上装有温度记录仪，而且整个配送过程要保持在 0℃ ~ 4℃。在食材的储藏方面，海底捞对蔬菜类菜品的控制尤为严格。它们在物流配送中心最多允许停留 3 天，在店面内的停留时间不得多于一天半，而且必须储存在 0℃ ~ 4℃的保险库中。此外，海底捞甚至设立了安全回溯制，一旦食材出现问题，员工能及时快速地进行处理。

Business Develop

海底捞对火锅品质的追求打造出其在顾客心中“好吃”的品牌形象。众所周知，好的口碑是企业的无形资产，甚至关系到企业的生存与发展。若想让口碑形成品牌效应，凭借的还是产品精神内核——高品质。所以，一个企业要保证自身长久发展，必须注重产品和服务质量。

杉山水果本是日本一家名不见经传的小型水果零售店，因为其独特的经营手法和水果的高质量，在创立的几十年间成为日本果蔬店中长盛不衰的个例。但是，在竞争激烈的现代市场中，杉山也不能避免同行业的模仿式竞争。因而，杉山老板不断尝试各种充满新意的营销策略。其中最令人称道的是他们自制的新鲜果冻：用当天采摘的成熟新鲜的水果加工，花样百出，有草莓果冻、芒果果冻等，原料不同，做法也各异，每种又分出不同花样。因为果冻是人工制作，店里人手不多，所以每天不过才两三百个的生产量，但是无论做出多少，每天都会销售一空。

附近几家大超市对杉山果冻产生了极大的兴趣，但是面对大宗高利润的订单，杉山老板一一谢绝。因为新鲜果冻必须保证水果的绝对新鲜美味和细致的手制工序，而这些都是大批量生产不能实现的。

杉山的成功在于严格控制商品质量。"向顾客提供最新鲜的水果"是杉山水果店一直以来的经营信念。在现任老板阿清接管杉山的十几年间，该店始终如一地保持着这样的努力。许多顾客在家中以杉山水果招待客人时，不会仅仅说"请吃水果"，而是会说："这是杉山的水果，请品尝一下。"

高品质产品背后透露的是管理者对顾客的承诺：不让顾客对企业或产品有一丝一毫的怨言。企业要想兑现承诺，唯一的选择就是保证产品零缺陷。

被誉为"全球质量管理大师"、"零缺陷之父"和"伟大的管理思想家"的菲利浦·克劳士比在20世纪60年代初提出"零缺陷"思想，并在美国推行零缺陷运动。后来，零缺陷的思想传至日本，在日本制造业中得到了全面推广，使日本制造业的产品质量得到迅速提高，并且领先于世界水平，继而进一步扩大到工商业所有领域。

把零缺陷管理的观念贯彻到企业中，使每一个员工都能掌握它的实质，树立"不犯错误"的决心，并积极地向上级提出建议，就必须有准备、有计划地付诸实施。实施零缺陷管理可采用以下步骤进行：

1. 建立推行零缺陷管理的组织。任何事情的推行都需要组织的保证，通过建立组织，可以动员和组织全体职工积极地投入零缺陷管理，提高他们参与管理的自觉性；也可以对每一个人的合理化建议进行统计分析，不断进行经验的交流等。公司的最高管理者要亲自参加，表明决心，做出表率；要任命相应的领导人，建立相应的制度；要教育和训练员工。

2. 确定零缺陷管理的目标。确定零缺陷小组（或个人）在一定时期内所要达到的具体要求，包括确定目标项目、评价标准和目标值。在实施过程中，采用各种形式，将小组完成任务的进展情况及时公布。

3. 进行绩效评价。小组确定的目标是否达到，要由小组自己评议，为此应明确小组的职责与权限。

4. 建立相应的提案制度。直接工作人员对于不属于自己主观因素造成的错误原因，如设备、工具、图纸等问题，可向组长指出错误的原因，提出建议，也可附上与此有关的改进方案。组长要同提案人一起进行研究和处理。

5. 建立表彰制度。无缺点管理不是斥责错误者，而是表彰无缺点者；不是指出人们有多少缺点，而是告诉人们向无缺点的目标奋进。这能增强员工消除缺点的信心和责任感。

免费服务
也得是物超所值的

既然是送人吃的，就要送最好的；2毛一斤都送了，为什么不再多添1毛送甜的？

我们不能总是站在自己的角度上考虑问题，我们一定要站在别人的角度考虑问题。比如一个顾客到了海底捞要等座，座位也没有，一点小吃也没有，人家一定就不等了，而不等的结果就是我们没有收入。所以，我们必须在这种情况下增加一种服务，而增加这个服务的成本实际上是微不足道的。

——张勇谈免费服务

延伸阅读

有一次，张勇到海底捞北京的一个分店去视察，发现店里等位区提供的免费西瓜不够甜。于是他找来店长，询问这是怎么回事。店长向张勇汇报道："最近西瓜涨价了，好的西瓜要3毛钱一斤。所以，店里采购的是2毛钱一斤的西瓜。"张勇马上说："既然是送人的，就要送最好的。2毛钱都花了，还差1毛就能让顾客更满意，为什么不多花1毛送甜的西瓜呢？"

海底捞等位区是供顾客排队等候消磨时光的地方，这里能大大地分散顾客的注意力，缓解顾客的不安和焦急情绪。对于门口总是排着长队的海底捞，其重要作用更是不言而喻。所以，在服务等位区客人这件事情上，张勇的态度十分明确：免费的食品送最好的。最终海底捞等位区的服务受到大众的一致好评。例如有许多顾客纷纷称赞："海底捞爆米花的口味和质量远远超过了电影院里价格奇高的爆米花。"

事实上，海底捞的免费服务成为吸引顾客的有效方式，甚至在门店的运营中起着至关重要的作用。海底捞在西安开设联营店的时候，杨晓丽被张勇委任为店长，负责打理西安店的全部事务。可是原本业务突出的杨晓丽却没有将这个店管理好，原因在于合作方不仅严格限制西安店赠品的发放，而且对店面管理事事插足，如此一来，海底捞最具吸金能力的免费服务无法起到吸引顾客的效果，店里生意惨淡。

无奈之下，杨晓丽只得向张勇说明实情。在张勇的协调下，合作方不再参与店面管理，海底捞全权推行服务模式。不久之后，西安分店的业绩好转，并日渐红火。最终，海底捞在西安餐饮业中拥有了一席之地。

所谓有舍才有得，张勇的"舍"换来的是海底捞的"得"。据说，海底捞的分店收回投资的时间平均在一年半左右。有些效益好的分店仅在6个月内便能收回投资。2009年，海底捞的净利率是18%，遥遥领先于同行的平均水平；2010年，在原材料价格上涨的情况下，海底捞的净利润仍然居高不下，保持在16%的水平。

Business Develop

张勇对于顾客从来都是"大手笔"，他关心的是海底捞长远的利益。而那些鼠目寸光的管理者遵循的原则只有一个："理想、理想，有利就想；前途、前途，有钱就图。"因而，他们永远是斤斤计较的，永远是争先恐后的，总是担心自己吃亏。

日本著名实业家稻盛和夫先生认为，任何人都可以满足自己的“欲望”。但是，欲望不能只停留在利己的范围内，同时也要有利于他人的“欲望”并谋求公共利益。因为利他精神终究也将有利于自己，并且这种利益会继续扩大。

在稻盛先生看来，人的内心充满的幸福感，不是在满足自我，而是在满足了“他人”的时候。对于企业而言，钱是要赚的，但更重要的是不断为客户创造感动，“挣”到客户的情义。事实上，免费服务本身是一种附加产品，它能为顾客提供超出竞争对手的服务质量。意识到这一点，创业者需要转变观念，确立以下基本思想：利润不是企业的首要关注对象。

诚然，追求利润是每个企业都不能忽视的目标，但是过度强调利润，就会使管理者重视短期利益，为了今天的利润，不惜牺牲明天的生存。一个不择手段的企业很难建立信誉，一个只重视眼前利益的管理者也很难取得大的成就。著名的管理大师德鲁克认为，一味强调盈利性是管理中最愚蠢和糟糕的办法。

对于管理者而言，首先要考虑的不是赚钱，而是为顾客创造真正的财富和价值，持续不断地改变这个社会。很多企业家在刚开始创业的时候把为众人服务作为奋斗的目标，最终收获了巨大的成功。譬如比尔·盖茨，他在创业之初就把“让千万人都用得上电脑软件”作为目标；譬如山姆·沃尔顿，他发誓要建立一种既便利又廉价的商业形态，沃尔玛成为实现他这一理想的工具；再如马云，他刚开始创业的使命就是“让天下没有难做的生意”。而这些非功利的目的最终给他们带来了巨大的财富。

此外，控制成本的时候一定不能以牺牲产品的品质为代价。很多企业将低成本优势作为其在市场上竞争乃至制胜的关键武器。管理者需要注意的是，高品质不是高成本的借口和理由，低成本并不以牺牲品质为代价。对于企业管理者而言，控制成本要进行通盘考虑，在提升产品品质的同时降低产品成本，从而降低产品价格。

顾客甘愿
为“五星级服务”买单

钱这个东西，天上掉不下来，地下也长不出来，只能从顾客口袋中掏出来。

——张勇谈员工与利润关系

延伸阅读

赚钱是每个企业的最终目的之一，张勇做海底捞的目的也是如此。企业的盈利从哪里来？最终肯定从每一位顾客那里来，这个简单的道理谁都懂。可是顾客的钱也都是自己辛辛苦苦赚来的，口袋自然捂得紧。粗暴的企业家会硬生生地从顾客口袋里“抢”钱，也不管顾客的感受怎样，“店大欺客”是常有的事；聪明的企业家则会让顾客心甘情愿地把钱从口袋里掏出来，不仅自己的企业能顺利地拿钱，而且让顾客心情愉快，顾客甚至会排队给企业送钱。

如何才能让顾客满意，聪明的张勇给出的答案就是提供近乎完美的服务。在“变态式”的服务面前，再挑剔的顾客也会无话可说，自愿把口袋里的钱掏出来。为了提供“变态”级服务，海底捞的员工普遍比同行要累得多，海底捞的传菜员，每天来来回回“奔波”于餐桌和厨房间，端着菜“竞走”，没有一个脚下没有起泡的，但是泡破了依然咬牙挺住；负责刷碗的后堂员工，几乎从上班到下班，手就一直泡在水里，油渍和清洁剂不停地侵蚀皮肤，即使手被泡烂了也要坚持；就连平时顾客眼中最轻松的前台服务员，一天下来，屁股不能沾一下板凳，腿能不肿吗？

其他岗位也是如此，各有各的苦。如此高强度的工作，不是有大毅力的人根本承受不了，很多人在海底捞试用不到几天就跑了，因为实在是太苦太累了。海底捞员工有一句话："在海底捞能熬过 3 个月的都是好样的。"

海底捞内部员工网站上有一篇匿名帖，可以看出不少员工心中的抱怨。帖子中说："我每天早上 9 点上班，晚上 9 点下班，一天上 12 个小时班，海底捞没有哪个服务员睡够了的。休假了，都是在宿舍里补充睡眠呢。

天上不会掉馅饼，同样的，海底捞员工吃的苦也不会白白浪费。海底捞员工不仅可以一岗多能，每个员工能胜任多个岗位，而且业务娴熟，精湛的技艺甚至令吃火锅的顾客叹为观止，这都是海底捞高强度训练的成果。

拥有这么多高水平的服务员，效果是相当明显的。每位顾客，从距离海底捞门店几米远的地方就开始感受到热情，整个吃火锅的过程更是沉浸在海底捞的优质服务之中，完全像被宠爱着一样，任何事情，甚至不用开口，就已经有服务员上前帮忙了。人心都是肉长的，如此堪称完美的服务，怎能让人不由衷折服？顾客心里满足，自然就会松开捂紧的钱包，心甘情愿地拿出钱来，为在海底捞享受的"五星级"服务埋单。

Business Develop

做生意其实都是从顾客腰包里拿钱，各大企业拿钱的招数多种多样，正所谓"你有张良计，我有过墙梯"，企业管理者更应从海底捞式服务上举一反三，开发更多的营销策略。

第一，不要为营销而营销，营销的本质是为了了解顾客真正的需求。消费者永远没有错，不要在产品卖不出去的时候找借口或者埋怨消费者，也不要在不能满足消费者需求时试图改造消费者接受你的产品。企业要不断挑战产品和服务给消费者带来的效用。最正确的营销不仅仅是将产品卖出去，更要使产品充分满足消费者的需求和期望。有远见的管理者总是能最大限度地满足顾客的需求，如果管理者意识不到消费者需要什么样的产品和服务，企业的可持续发展就很危险了。

第二，面对消费者，理性营销。随着居民生活水平的提高，消费者的物质追求也在不断提升，消费者的消费在逐步理性化，理性的消费者会对产品营销方式异常敏感。理性的表层意思首先是相对感性而言的，即理智而不盲动。消费者是理性的经济人，他们会以合乎理性的方式买到最实惠的商品。虽然有时候买家会在感情的非理性干扰下，短期内做出不符合“经济理性”的行为，但企业不能因为消费者一时的不理性而以非理性的方式去刻意迎合。

第三，了解顾客的消费点，引爆消费者消费情绪。如何挑起顾客的消费情绪，可以从这几个方面入手：店铺招牌、外观装修、灯光音响、海报等。热情的店面销售形象能够有效吸引顾客的关注，引起顾客对店铺的好奇，刺激人们强烈的购买欲望。

第四，合理的价格定位。不要盲目地涨价或降价，适当低价可以获得意想不到的效果。低价在所有经营策略中永远都是最实在的一招，特别是在现在，随着物价的上涨以及各种生活压力的增加，消费者的消费行为变得越来越理性，低价策略是很多企业的必然选择。管理者在推销自己产品的时候，不妨在结合自己产品性质的情况下，坚持适度的低价策略。

企业管理者在运用各种营销手段的时候，要明白营销的核心是产品质量。不要本末倒置，浪费心思在各种营销手段上，却丢失了核心的产品质量。营销只是推出产品的手段，最终让顾客愿意埋单的一定是核心的产品质量。

企业管理者如果能够从以上各个方面，管理自己的企业，推销自己企业的产品，顾客自然会络绎不绝，他们的口袋自然会心甘情愿地任你打开。

其实海底捞
只比别人多了一点点

所谓特色就是你比别人多了一点点，而正是这“一点点”为海底捞赢来了口碑。服务是海底捞获得成功的最大法宝，服务也是其与同行进行竞争的最有力武器。

我小时候看过一个笑话，两个兄弟睡在一起，晚上轰蚊子，每个人都只轰自己一边，结果对面的蚊子还是会过来咬自己。消费者不会关注哪里是海底捞，哪里是共用设施，他只会感受到海底捞的环境如何如何。虽然一个楼层是共用的卫生间，我们海底捞的顾客用得最多，如果其他人不想把它做好，又没有办法沟通，那不如就由我们来做。如果你把精力和时间放在争论上，是不是很冤？这样做也是为了达成为消费者提供优质聚餐场所的目标。生意好，利润自然就来了。

——张勇谈海底捞特色服务

延伸阅读

创业早期，张勇做出来的火锅味道不尽如人意。为了生存下去，张勇只能在对手较弱的方面下功夫，以此弥补味道上的不足。张勇很快发现，上菜速度和服务态度的些许改进就能大大提升顾客的愉悦感。这让张勇受到了极大的启发。他意识到，拥有自己的特色服务是保留和拓展客户的一个极好方法。从此以后，他一直致力于将海底捞做到与众不同。别的餐厅不会帮顾客擦鞋、带孩子，但张勇卖力去做。这种有别于对手的特色，使得海底捞在餐饮行业的知名度越来越高。

在海底捞，如果出现孕妇，服务员会递上柔软舒适的靠枕；点菜时还会免费赠送话梅等开胃小食品。如果出现婴幼儿，服务员会第一时间推来儿童椅，用餐结束后还会赠送小礼物。这些服务看似微不足道，但是又有多少同行能够做到这些呢？正是这些点点滴滴的服务汇聚形成了独特的海底捞。

还有一次，同桌的两位客人因为一点小事发生了争执，气氛十分尴尬。若是一般的餐饮公司，在这种时刻必然会选择“隔岸观火”。但是，海底捞的服务员没有“冷眼旁观”，他小跑到客人桌前，魔术般地送上了一张贺卡和一枝玫瑰。客人看到后十分感动，之前的不愉快瞬间被“秒杀”。自然，这顿火锅最后没有以“不欢而散”而告终。

一直到如今，海底捞延续着张勇的这种理念：“做特色的服务，比别人多一点。”相比同价位的餐饮公司，海底捞对硬件设施的投入更多。比如率先采用机械化清洗方式，甚至和其他餐饮公司共享的卫生间，海底捞都耗费人力物力去维护。这使得海底捞在顾客中始终保持着优质的形象，难怪网上流传着对海底捞的极致评价：“人类已经无法阻止海底捞了。”

Business Develop

海底捞的特色在于它的服务，能够为顾客提供超出预期的价值。这是海底捞能从众多餐饮企业中脱颖而出的有力武器。对于企业而言，只有拥有不同于他人的特点，才能让顾客记住你，在激烈的竞争中脱颖而出。

2013 年 10 月雅昌集团第 7 次拿到美国班尼金奖，这个奖代表着它拥有世界上最厉害的印刷技术。雅昌集团的前身是一个普通的印刷厂，该厂拥有中国古老的活字印刷术技术。虽说印刷术是中国发明的，但自从传到国外，印刷术在国外的发展速度和水平就远远超过了中国。雅昌不但继承了活字印刷术，还比别人多了那么一点点，成就了自己的特色。

首先，在传统印刷工艺的基础上，雅昌加入了IT技术和艺术，将传统的印刷服务与新兴的文化创意结合在一起，实现了文化与服务相统一的转型。雅昌建立了“中国艺术品数据库”，包括艺术品库和艺术品收藏人数据库、拍卖机构库等8种数据库群。通过网络数据库，实现艺术品收藏和拍卖等的管理。

其数，在这个网络平台基础上，雅昌又将业务扩展到设计、印刷、出版等多个行业，让印刷业也实现了B2B的网上服务以及B2C的产品。

再次，在授权的前提下，雅昌用先进的科技手段扫描真品，复制出高仿真的艺术品，同时加上艺术品的相关历史，达到向普通人普及艺术的作用。这个成为雅昌最与众不同的特色，也成为其从众多印刷同行中脱颖而出的优势。

那么，如何打造企业的特色呢？管理者可以从以下几个方面入手：

1. 有价值的差异化

很多企业家意识到差异化的重要性，只有与众不同才可以生存，差异化是特色资源的核心。但对企业更重要的是进行有价值的差异化，没有价值的差异化，充其量只是随波逐流，不能给顾客增加价值。创造有价值的差异化，企业就可以提高效益，利润也会自然增加。

2. 定位行业趋势

作为企业家和经理人，必须思考：你所处的行业现在处于怎样的阶段？市场饱和度如何？能不能更进一步开拓市场空间、提升服务质量？顾客的潜在需求有哪些？在未来几十年，顾客的需求会发生怎样的变化？你该怎样把握这些变化？企业家对行业的趋势线分享，有利于企业在竞争中胜出。

3. 找出现有行业中的弊端

能从现有行业、现有市场中发现弊端，找到竞争对手忽略的要素，提供与众不同的产品，你的企业就一定可以脱颖而出。

4. 持续不断地创新。在现代社会，企业缺乏领先的技术或者服务，就难以形成自己的特点，难以有高起点的竞争优势，难以有更高的市场份额。而持续不断的技术创新能为企业注入活力。企业可以通过市场调研、科学预测、建立研发机构等，开发新产品或提升服务，从而抢先满足或创造市场需求，借此打造企业的竞争优势。

第三章
服务？义务！

在海底捞，没人跟你讨论“该不该服务”这种问题，类似于“买东西就得付钱”这种事情，有什么好讨论的？

让顾客
来点赞

楼外楼开业的时候，一个做医疗器械的朋友在西安有分公司，他问我有没有想过到外地去开火锅店，我说想啊，就是没有本钱，也缺资讯，但是我相信北方一定可以开，他说你说对了，现在全国有很多四川火锅，西安那个地方的火锅做得很烂，你去了一定火。然后他就给我把机票买了。当时，我只有 20 多万现金，他要跟我合作，我说怎么也得七八十万，但我只有这么多，店开了就没钱了，他说没关系，反正钱也不是一次花完，最后用 70 多万元店就开业了。

我们合伙干了半年，当时还都是手工操作。也没做什么广告，我一直坚持餐饮的营销不是靠广告，企业做大了之后需要广告，但是我现在还是不会选择这种方式，口碑也是一种广告。后来很多人问我，你送客人一个菜，或者给他免单，成本怎么算？我说你们都没算广告费。

——张勇谈餐饮营销

延伸阅读

对于餐饮行业而言，一个满意的顾客就是一条活广告。这个人会无意识地将自己的消费体验向周围的亲朋好友宣传。而人们对于这样的分享充满了好奇，自然会忍不住亲自前往体验。

张勇坚持不做广告，在他看来，口碑也是一种广告。事实上，海底捞的天下更像是大众口口相传的结果。刚开业时海底捞其实顾客并不多，但张勇竭尽全力去满足每一个顾客的需求，慢慢地赢得一批老客户的好感。而这些老顾客背后的关系网又带动了另一批顾客，就这样一圈一圈不断地辐射开来，海底捞就渐渐壮大起来。

一条远近闻名的海底捞“广告”是一支冰淇淋的故事。某一次，一位吃完火锅的顾客在结账的时候随口问了句：“你们这里怎么没有冰淇淋呢？”这话正巧被一旁的服务员听到了，她二话不说就奔向了对面的超市。大约5分钟后，服务员气喘吁吁地将一个“可爱多”递到顾客面前，还略带歉意地说道：“不好意思，让你们久等了。这是刚从超市买回来的。”这位顾客自然是受宠若惊，而“可爱多”的故事也随之流传至今。

海底捞的“广告”功力不止于此。北京牡丹园店的一碗汤圆便换来楼上一家证券公司的招待餐。牡丹园店刚刚开业的时候，门庭冷落。下午两点多的时候，大厅就已经熄了灯。这个时候，一位大汗淋漓的中年男子急促地奔向大厅，对着门口值班的服务员说：“给我来碗面条。”

服务员见这位中年男子的气色很差，心里琢磨着他可能是低血糖患者。可是，海底捞没有面条，只能去超市购买。但服务员转念一想，这位顾客此刻急需进食，不然很可能会晕倒。如果现在去买，时间肯定来不及了。于是，机灵的服务员立刻跑到厨房端出一碗汤圆放在中年男子面前。

中年男子吃完后，便开始掏钱包。不料，这个服务员说：“不要钱的。”中年男子一听这怎么行，吃霸王餐可不是自己的风格。可是服务员坚持不收钱：“你生病了啊，做碗汤圆是应该的。要不下次过来吃火锅吧。”这位中年男子不是别人，正是牡丹园店楼上证券公司的总经理。而这一碗成本不足一元的汤圆深深打动了这位老总。他回到公司后立刻交代行政部门：海底捞为公司的指定餐厅，并且只有海底捞的餐饮发票才能报销。就是这样一碗微不足道的汤圆替海底捞打出了一条最真诚的广告，使得整个证券公司成为他们的忠实顾客。

Business Develop

海底捞的一碗汤圆赢得了一位忠诚的顾客，并赢来了一整个公司的员工。这就是说，如果企业损失一个顾客，那么就会损失这个顾客身后的关系网，如此恶性循环下去，企业就会失去一批又一批的潜在顾客。

假设你有一家比萨饼店，你的邻居一周至少光顾一次，平均一位顾客花费20块钱。如果你不注意做错了什么，这位顾客也没有告诉你，而是再也不来了。你的损失有多大呢？

据调查显示，一个公司平均5年就会失去一半的客户。请注意，很多客户可能不会突然离开，但一次次的不高兴总有一天会让他们决定离开。你以为你的客户不高兴的时候都会告诉你吗？不会的，这就是生活。更奇怪的是，你有时很难衡量你的损失有多大。有这样一个例子，一家银行在年底时发现，他们的客户数目没变，可客户把钱转走的数目远远高出预料。很多客户就是这样悄悄地进行转账的。不到最后，客户一般不会关掉账户。

虽然有许多服务型企业都承诺提供让顾客满意的服务，但能够坚持到底的寥寥无几。现在，有不少公司开始明白：除非你对相关指标进行衡量，否则质量无法提高。一旦服务型公司开始对客户流失造成的损失进行评估，他们就会认识到降低这种损失的紧迫性。服务型公司要力争实现“零客户流失”目标，即留住每一个给公司带来利润的客户。

客户流失对公司利润产生的影响在各个行业和各个公司之间的变化很大，但是无论什么样的公司，客户与公司之间的关系保持得越长久，给公司带来的利润就越高。比如，经营信用卡业务的美信银行（MBNA），仅仅由于提高了服务质量，留住客户的比例大于同行，在没有进行任何收购的情况下，8 年时间里行业排名从第 38 位上升至第 4 位，利润增加了 16 倍。事实上，客户流失量小幅的改进即可让公司的利润大幅增加，例如在客户流失率仅仅下降 5 个百分点后，某家银行分支机构的利润就增加了 85%，一家保险代理公司的利润增加了 50%，而某汽车服务连锁店的利润则提高了 30%。

流失的客户提供的反馈信息往往是具体而明确的。客户通常会清楚地说明自己离开的原因，但如果公司进行进一步的分析研究，就会从中了解到深层的根本原因。

管理者还应该在企业内部培育“零客户流失”文化。许多企业都设立了客户热线，可有多少是真正的投诉热线呢？又有多少客户愿意花费精力去投诉呢？离开或不再光顾是最简单的解决办法。显而易见，你不应该等着不应该的事情发生。你的工作是听到这些抱怨并加以处理。

如果客户抱怨，他们是在给你提供反馈，这样的反馈不但有价值也许还代表了其他客户的意见。如果投诉渠道畅通，他们会在每一重要环节为你提供解决问题的机会，你也会重新赢得他们的信任。因此，对待投诉应该像买彩票中奖一样，企业管理者要做到：

1. 不定期地跟踪客户投诉。丢掉意见反馈表吧，因为它很模糊。直接面对客户，告诉客户他们有意见应该找谁。不要相信有沉默的客户这样的说法。

2. 抱怨的客户通常会就事论事。要仔细聆听并采取行动。客户并不想离开，他们希望你把他们感召回来。把问题处理好，告诉客户你是怎样解决的。

3. 客户的投诉反馈要比你通过调查机构得到的反馈便宜得多。你应该奖励投诉的客户，他们值得你这么做。赢回的客户会更忠诚，对待他们像对待你的财富。

4. 记住一个数值：获得一个新客户的成本是保住一个老客户的 8 倍。

5. 坚守两个法则：一是抱怨的客户永远是对的；二是如不确定，再回到法则一。

服务业的质量革命将创造一系列新的赢家和输家。“有价值的客户对于服务体验的追求是一致的，但是他们对服务商的忠诚度是转瞬即逝的。如果服务商不提高自身的服务水平，那么，客户就会去寻找更好的服务提供商。”赢家必将是在零客户流失管理方面保持领先的佼佼者。

海底捞心理学：味道好是因为吃得舒服

如果客人觉得吃着开心，就会夸你的味道好；如果觉得你冷淡，就会说难吃；服务会影响顾客的味觉！什么是好的服务？就是让客人满意。什么是更好的服务？就是让顾客感动。

——张勇谈服务

延伸阅读

对于大多数顾客来说，心情好胃口就好，胃口好味道自然也好。所以，如果顾客能体验到优质的服务，那么即使食物的味道差强人意，顾客依然会啧啧称赞，并且还是乐意光顾这里。因为，对于顾客而言，好的味道只是企业技术或者能力上的体现，而好的服务代表着一种尊重的态度。张勇正是明白这个道理，所以海底捞在服务上下足了功夫。

夏天的时候，走进海底捞，服务员会微笑着递上水："天气干燥闷热，请您喝杯水，降降温吧。"下雨天的时候，服务员会递上纸巾："欢迎您冒雨光临本店，非常感谢，请您先擦擦雨水吧。"

除了亲切朴实的态度，海底捞还力求以最快的速度为顾客提供服务。当顾客点好菜之后，服务员可以做到 3 分钟上锅，5 分钟上菜。如果顾客不喜欢免费的酸梅汤和豆浆，海底捞会送他一碗鸡蛋羹。对于那些牙口不好的人或者不能吃火锅的小孩来说，一碗免费的鸡蛋羹也许并不比火锅美味，但对顾客而言是极佳的消费体验。

在服务业有一条公认的真理：打折不如送礼。因为送礼会给顾客带来意外的惊喜。有一次，几位顾客在海底捞吃火锅的途中，突然听到一声惊呼。他们四处张望，发现声音是从一位挺着大肚子的孕妇那里传来的。原来，服务员得知她是孕妇之后，临时准备了他们自制的宝宝图画送给她。这一举动使得孕妇感动不已，火锅吃得更加津津有味了。自然而然，顾客对海底捞服务的感受会进一步加强其对海底捞的整体评价。

Business Develop

从海底捞的经验可以看出，服务对于企业的发展越来越重要。好的服务可以影响顾客的味觉，并给顾客带来情感上的良性体验，同时强化顾客对企业的忠诚度。在市场竞争越来越激烈的今天，越来越多的企业将目光落在服务上，希望实现服务的精益求精。

那么，对于服务型企业而言，如何才能服务到位，怎样才算是好的服务呢？经营寿险和年金业务的美国 Jefferson Pilot Financial 公司（简称 JPF）或许可以为这些企业提供一些思路。

JPF 是 20 世纪 90 年代末美国的典型服务型企业，在收购 4 家企业之后，它开始寻找新的增长方式。JPF 的高层意识到，要吸引那些推销保单并提供相关服务的独立寿险顾问的青睐，公司必须设法在强手如林的竞争中独树一帜。

为了成为这些保险顾问的首选合作伙伴，JPF 开始竭力缩短投保单的处理周期，简化保单提交流程，减少差错率。为了改善运营质量，JPF 公司的管理人员把目光投向了精益生产体系，该方法是建立在持续流水作业的概念基础上，这有别于每道工序都实施批量处理的传统生产体系。

而JPF认为自己的业务流程中处理的也是一些类似实物的“服务产品”，就像装配线上的汽车一样，也要经过一系列处理工序，从接收保单申请、核保或风险评估到最后的保单发放，因此完全可以借鉴精益生产理念。

公司认识到要实施精益理念，必须彻底改造自己的成本、质量和速度衡量体系，从客户的角度来衡量绩效和生产率。另一条重要原则是：把一线员工的工作绩效与公司CEO的绩效挂钩，使组织活动与战略目标保持一致，让CEO的成功与每个一线员工的生产率直接挂钩。这一系列改变使JPF成功地从众多竞争对手中脱颖而出。

JPF的经验表明，服务型企业其实可以运用精益原则提高工作绩效，增加公司营收。精益思想早前在制造业中十分流行，为许多生产型公司竞相采用。日本汽车曾凭借精益生产模式以低成本、高质量和高效率给美国同行造成了巨大威胁。随后，美国制造企业以其人之道还治其人之身，模仿日本企业的精益生产模式，在竞争考验中顽强地生存下来。

精益服务的核心就是以越来越少的投入——较少的人力、较少的设备、较短的时间和较小的场地创造出尽可能多的价值；同时也越来越接近用户，提供他们确实想要的东西。实现精益服务需要遵循以下5个主要原则：

1. 从顾客的角度而不是从某个公司、部门或机构的角度决定价值；

2. 确定服务设计、技术标准、服务工艺、服务流程、服务质量、检验标准的整个价值流中所有的步骤，以找出不增加价值的浪费；

3. 使那些创造价值的步骤流动起来，没有中断、迂回、回流、等待和不合格；

4. 按照顾客的需求拉动价值流；

5. 环环相扣，由表及里地发现和消除浪费，从而寻求达到完美的境界。

从“顾客的角度决定价值”，意味着企业的一切过程都要考虑到顾客的需求，一切从顾客的角度出发，根据市场而不是根据自己的主观臆断来做出决策。

“确定整个价值流的全部过程”即企业要对产品服务的全过程进行准确的分析和判断，包括产品的设计和服务过程、服务组织信息流动过程、人力资源的组织过程。

“使价值流流动起来”就是要在明确的价值流过程中消除所有的浪费。如等待、价值流回流和因服务的返工返修的浪费，提高服务过程的效率等。

“由顾客来拉动价值流”意味着所有的过程都要紧紧围绕顾客的需求来进行，根据顾客需求的品种、数量和需求时间等来组织企业的服务过程。

“不断追求完美”就是要根据顾客和市场要求的不断变化，确定对价值的理解，同时根据不同时期的不同情况来确定价值流的状态，不断消除浪费，提高价值流的流动水平，满足顾客要求。因此，精益服务是一个不断完善自己的过程。

精益服务方式的目的是最大限度地消除浪费。例如，“人力资源的配置”用精益服务的方式去衡量，首先，从满足顾客服务的角度，确定服务设计、技术标准、服务工艺、服务流程、服务质量、检验标准的整个价值流中所有的步骤，以便找出不增加价值的浪费；根据价值流配置人员，制订薪酬标准，既要达到服务要求，又要吸引和留住人。“2000元的活，不用2500元的人”，“高中生能干的活，不用大学生”。

用真诚
赢得消费者的认可

那个时候我的环境不算最好，但是我的态度非常好，别人要什么我就快一点，有什么不满意的我就多赔笑脸，结果大家都愿意过来吃。就这样,我用真诚和优质的服务抓住了很多的顾客。3个月后,客人就多了，开始排队，越做越好，逐渐做成了简阳最大的火锅店，并在简阳开了第二家火锅店。

我们的经营理念一直是不做最大的，而要做最好的。因此我们不做麦当劳，最好的才最有生命力，而且要让消费者从心底里觉得你是做得最好的。

——张勇在 2010 稻盛和夫经营哲学
国际（青岛）论坛上的发言

延伸阅读

海底捞的服务态度被公众戏称为“变态”和“肉麻”，这正是对海底捞真诚对待顾客的最大嘉奖。或许有人会质疑，海底捞的贴心太过刻意，服务过于殷勤。但正如林肯所说的那样 :“你可以欺骗所有人于一时，或欺骗部分人于永远，但你不可能永远欺骗所有的人。”长达 19 年的时间里，海底捞的每一个成员发自肺腑地为顾客着想，时时刻刻用细致入微的真诚打动着顾客，让顾客体会到家人般的关怀备至。

在海底捞创业初期，张勇就是用真心实意留住顾客的。顾客需要什么，只要是力所能及的，张勇都会满足。他甚至坦言，那个时候送的菜品比卖出去的都还要多。在他看来，这点成本根本算不上什么。服务行业中亘古不变的真理就是：顾客就是上帝。一切站在顾客的角度，真诚地为顾客服务，这就是海底捞的出发点。

开车的顾客，海底捞为其提供免费停车位；走进店里，迎接顾客的是一张张亲切的面孔和窝心的问候；点菜过多的时候，服务员会善意地提醒顾客；打了一个喷嚏，服务员立马就从厨房端出一碗热气腾腾的姜汤；一个转身，空着的杯子里就续满了豆浆或者柠檬水；听到顾客夸奖豆浆味道好，服务员会在临走的时候赠送好几袋打包好的豆浆；得知有人过生日，服务员会送上免费的长寿面和果盘，为顾客唱中英文的生日歌。

还有一次，一群人准备去海底捞吃夜宵，到店里的时候已经过了海底捞的营业时间。正准备离开的时候，海底捞的服务员急匆匆地跑到他们面前，递上两个热乎乎的烤玉米棒，面带歉意地说："真是不好意思了，我们已经下班了。你们先吃吃这些玉米棒吧，垫垫肚子。"

海底捞正是凭借这些不经意的关心让顾客感受到无处不在的真诚，日积月累，就形成了独具特色的海底捞服务。事实上，当顾客感受到关怀的时候，不仅能大大增进其对海底捞的亲近感，更能加强其对海底捞的黏性。如今，海底捞的诚意已经深入人心了。

Business Develop

真诚是一种无形的牵引力，能缩短人与人之间的距离。对于海底捞来说，真诚是优质服务的必备神器。因为，顾客在接纳员工诚意的同时会从心底深处生出对企业产品和服务的认可。

一个业绩高手曾说，他得到的最有价值的经验就是：与每个顾客成为朋友。也许你有物美价廉的产品，但竞争者的产品可能与你的产品不相上下，这时顾客如何选择？最后，交易总会落到顾客感觉最好的企业或者企业员工身上。

世界零售巨头沃尔玛服务顾客的秘诀之一就是“三米微笑原则”。沃尔玛创始人山姆·沃尔顿巡店时会鼓励员工与他一起向顾客做出保证：“我希望你们能够保证，每当你在3米以内遇到一位顾客时，你会看着他的眼睛与他打招呼，同时询问你能为他做些什么。”沃尔玛鼓励员工做到：当顾客步入沃尔玛商场时，要使他们感觉到沃尔玛的诚意。

那么，如何让顾客感受到企业的真诚呢？这就要求企业树立“顾客就是上帝”的观念。但是，仅仅确立观念是远远不够的，对于管理者而言，具体可以从以下几个途径着手：

1. 对员工的服务技能进行强化，营造一个“顾客至上”的环境与氛围。服务是传递爱心与认同的一种最好的方式，员工对顾客致以虔敬之意与尽心之情时，就一定能完美阐释服务的最高理念，使顾客满意。

2. 要懂得换位思考。许多看似无法接受的要求和习惯，只要站在顾客的角度去考虑，他们的“挑剔”就有合情合理之处，因为希望买到最优质的产品是每个顾客的心理需求。纵观全球的知名企业，正是因为换位思考才成就了如今的卓越。

3. 要真正把顾客的需求放在第一位。即使遇到再难对付的“刺儿”，真正把顾客的需求放在第一位，企业就能时刻保持春风拂面的风度。

4. 要加强沟通，用心交流。当顾客对企业的服务或产品不满意时，要及时了解顾客的想法，尽可能实现他们的愿望。用心沟通，才能为顾客架起贴心服务的桥梁。

服务
就是传递快乐

餐饮业属于劳动密集型行业，来就餐的顾客是人，管理的员工是人，所以一定要贯彻以人为本。我始终认为，只有当员工对企业产生认同感和归属感，才会真正快乐地工作，用心去做事，然后再透过他们去传递海底捞的价值理念。大家可以和亲戚朋友一起工作，自然就很开心，这种快乐的情绪对身边的人都是很具感染力的。

——张勇谈海底捞的愉快管理

延伸阅读

对于讲究生活品质的现代人来说，用餐不仅仅是为了填饱肚子，更是闲暇时光的消遣与享受。海底捞之所以如此受欢迎，恰恰是迎合了顾客的这种心理，让顾客体验到了用餐中的愉悦与快乐。

从迎宾员、引导员、传菜员到服务员，自顾客踏入海底捞大门的那一刻起，他们无时无刻不被海底捞传达的快乐气氛所感染。顾客刚到门口，迎宾员就热情地将其带到大厅。若是店里有空位，引导员会将顾客带到用餐的餐桌前，路途中会碰撞到许多面带微笑的服务员。

若是就餐区座位已满，引导员会带顾客进入等位区。等位区提供扑克、象棋、电脑，顾客可以在这里悠闲地打发时间。除此之外，服务员还会为顾客递上各式各样的果盘和美味可口的点心。对于爱美的女性顾客，甚至提供免费的美甲服务。

等到就餐的时候，服务员会不时为顾客更换热毛巾、分捞食物。而海底捞的卫生间也十分清洁干净，洗手台上工工整整地摆放着棉签、皮筋、摩丝、梳子、护手霜等免费的生活用品。顾客才走到洗手台，一旁的服务员就帮忙拧开了水龙头。洗手完毕后，服务员会面带笑容地递上一张纸巾。这一系列周到的服务让每个去过海底捞的顾客都有愉快的用餐回忆。

Business Develop

海底捞无处不在的快乐氛围给顾客带来了与众不同的新奇体验，而这样的体验也为海底捞赢得了大量的顾客。事实上，独特的服务体验是服务创新中的重要一环，甚至能帮助企业建立自己的竞争优势。美国有线电视新闻网（CNN）就是一个最佳的案例。

著名的美国 CNN 电视台全天候 24 小时新闻直播。它如今的风光让人很难想象泰德·透纳 1980 年创办 CNN 时遇到的困境。当时美国的新闻传媒，主要集中于娱乐、体育等方面，至于政治或者其他重大新闻则很少涉及，人们只有 15 ~ 30 分钟的时间了解这个星球上正在发生的事情。原因是电视三大巨头——哥伦比亚广播公司（CBS）、美国国家广播公司（NBC）、美国广播公司（ABC）完全垄断了整个市场份额。“店大欺客”，三大广播公司仗着自己家大业大，逐渐忽略了自己传播社会新闻的职责，完全不顾观众的感受，按照自己的想法播放电视节目。而观众几乎没有选择的余地，久而久之，也渐渐接受了这一事实。

面对这样的状况，透纳决定打破这个常规，他要创办一家全天候 24 小时滚动播出新闻的电视广播公司。当人们听到这个消息时，全都认为透纳的这种行为无异于自杀，这种全是新闻的节目根本不会有观众。然而事实让那些人闭上了嘴巴。自1980年创办开始，CNN利用真实性、及时性、中立性的报道，给观众以耳目一新的观感，尤其对美国总统里根被刺案的报道，更是让CNN一时间成为所有人的选择。CNN依仗开创的全新式服务体验，成功一跃成为电视领域巨头。

CNN为企业改进服务体验提供了重要的启示。首先，并不是一定要花大价钱才有大改观。有些让人印象深刻的体验在于服务是如何提供的，而不在于提供了何种服务。其次，一些长期存在的冲突（比如客户和服务提供者不同的侧重点，又比如质量和费用之间的权衡，等等）也找到了解决的方法。

那么到底如何使客户在服务中得到更好的体验呢？其实，管理者可以从服务创新方面入手，循序渐进地增强客户对企业产品或服务的好感，具体可遵循以下六大原则：

1. 把注意力集中在对顾客期望的把握上

在竞争对手云集的市场中，不必轻易改变产品本身，而应该把注意力集中在对顾客期望的把握上，认真听取顾客的意见以及修改的建议，一般80%的服务概念来源于顾客。

2. 服务要有弹性

企业服务的对象往往相当广泛，有不同期望及需要，因此良好的服务需要保持一种弹性。服务有许多难以衡量的东西，一味追求精确，非但难以做到，反而易作茧自缚。

3. 企业员工比规则更重要

创新就是打碎一种格局以创造一种新的格局，最有效的策略就是向现有的规则挑战，挑战的主题是人。通常，顾客对服务品质好坏的评价是根据他们同服务人员打交道的经验来判断的。

4. 用超前的眼光进行推测创新

服务是靠顾客推动的。当人们的生活水平低于或等于生存线时，其需求模式是比较统一的。随着生活水平的提高，消费需求由低层次向高层次递进，由简单稳定向复杂多变转化。这种消费需求的多样化意味着人的价值观念的改变，用超前的眼光对顾客的需求进行推测，往往能带给顾客不一样的体验。

5. 在产品设计中体现服务，要与建立一揽子服务体系结合起来

产品创新从设计开始，服务也从设计开始。要在产品中体现服务，就必须把顾客的需要体现在产品设计上。在产品设计中体现服务，是一种未雨绸缪的创新策略。要使顾客满意，企业必须建立售前、售中、售后的服务体系，并对体系中的服务项目不断更新。服务的品质是一个动态的变量，只有不断地更新才能维持其品质不下降。售前的咨询、售中的指导、售后的培训等内容会随着时间的推移使服务的性质发生变化，原来属于服务的部分被产品吸收，创新的部分才是服务。所以，企业不创新，就没有服务。

6. 把无条件服务的宗旨与合理约束顾客期望的策略结合起来

企业不遗余力地满足顾客的需要，无条件地服务顾客，是达到一流服务水平的基本原则，但在策略上必须灵活。合理约束顾客的期望常常是必要的。顾客对服务品质的评价容易受其先入为主的期望所影响，当他们的期望超过企业提供的服务水准时，他们会感到不满；但当服务水准超过他们的期望时，他们会大感满意。企业有必要严格控制广告和推销员对顾客的承诺，以免顾客产生过高的期望，而在实际服务时尽可能超出顾客的期望。正确地处理无条件服务与合理约束两者的关系，是企业在服务创新中面临的挑战。

因此，加强客户体验，应该被始终如一地贯彻并执行到企业发展的每个阶段。管理者须着眼于客户体验价值的提升，加深对客户体验的挖掘与认知。

不想当服务员的干部不能当干部

海底捞现有的管理人员全部是从服务员、传菜员等最基层的岗位做起的，公司会为每一位员工提供公平公正的发展空间，如果你诚实与勤奋，并且相信“用自己的双手可以改变命运”这个理念，那么海底捞将成就你的未来。

我们所有的服务员都是有升职机会的，除了个别的职位比如工程师，连我们的总会计师都是从服务员培养的。

——张勇谈从基层做起

延伸阅读

除了工程师和财务总监除外，所有的管理层都要从服务员干起，这是海底捞的一条明文规定。张勇本人就是从最基层的服务员干起的，那时候他经常上街拉人，琢磨怎么才能够吸引人来吃饭，怎么才能够留住人，什么样的服务才是让顾客来一次就忘不掉的服务。

就是因为拥有对一线服务的深度认识和体验，张勇在后来才一直把服务作为海底捞最为重要的特色和内部考核指标。餐饮行业不同于其他行业，只有理论玩不转海底捞，必须得经过基层的磨炼才能够真正摸清做餐饮的道道。

没有在一线服务过，就不能很好地了解顾客的心思，也很难总结用来管理员工的标准。比如说厨师长，如果做过服务员，就能够直接了解到顾客的需求，如顾客喜爱的菜式、口味和原料等，也就能够更好地在后方为服务员提供最到位的支持。

张勇的弟弟退伍后也打算开个餐馆，张勇便让他来海底捞，一样让他从一线服务员干起。弟弟工作能力出色，3 年后就成为总经理办公会成员。之后弟弟离开海底捞去创业，这段服务员经历给他打下了坚实的基础。

不但基层管理岗位上的人需要从服务员干起，海底捞的高管也是这样走过来的。杨小丽，17 岁来到海底捞成为一名传菜员，现在的她 30 多岁，是海底捞唯一的副总，同时还是上海区的总经理。

林忆 16 岁进入海底捞一线，23 岁成为掌管 5 个店面的小区经理，带领近千名员工，成为海底捞年纪最小的店长和小区经理。

技校毕业的袁华强干过海底捞各种一线工作，门童、擦鞋、传菜、打扫卫生等，7 年后他成为海底捞北京区总经理，并带领北京区成为最有实力的分店。他最为自豪的并不是“总经理”这个头衔，而是“一流的服务员”。

由于在基层的丰富经验，袁华强自己可以同时为 4 桌客人服务，四周一看，他马上就能判断出客人想要的是什么。

所有管理层都从基层干起还能够有效地抑制权力滥用。比如，海底捞的服务员有免单的权力，管理层就必然会面对服务员乱用权利的问题。但是，如果管理层是从服务员升上来的，他就能够清楚地知道什么时候才不得不用免单权，就能对服务员的免单行为必要与否作出评估。也许有的服务员第一次能够逃过领导的这种评估，但下一次逃掉的可能性几乎为零。

Business Develop

海底捞的高层都是从基层一步步走上来的，几乎没有“空降兵”的情况。

连公司的培训师，张勇也从来不从外部聘请，因为外部聘请的人很难了解海底捞的情况，也就很难知道员工和公司的需要。从服务员做起，是成为海底捞管理层的必修课。

对于企业来说，发现高管继任人有两种方式：外部招聘和内部培养。一般来说，企业采用这两种方式的理想比例是：80%内部培养，20%外部招聘。而实际情况是，企业40%的高管继任人是从外部招聘获取。尽管企业认为内部培养的方式更好，但是因为培养过程比较缓慢，跟不上企业发展的脚步，所以企业大多采取外部招聘的方式。

对于快速发展的企业或者经历转型期的企业，一般没有时间从内部培养高层管理者，只能从外部进行招聘。但是，如果企业可以从内部进行培养而没有实施，那么，对于企业的发展就是错误的决策。因为，高管职位都从外部招聘，无论对内部员工士气，或对内部人才来说都是很大的打击。盲目雇用“空降兵”，而没有提前考虑是否在本公司内部有员工已经积累了必要的经验，这是不可取的。

对于中小企业来说，从内部培养需要注意关键的几个步骤：首先，企业需要识别高潜质人才；其次，企业需要针对高潜质人才诊断其发展需求；再次，企业需要不断跟进高潜质人才的发展情况；最后，企业需要用量化的指标评估高潜质人才的成长或者培养结果。

对内部员工的培养是一个长期的过程，涉及方方面面的工作，具体有以下一些方法：

第一要有理论培训，这有助于提高受训者的理论水平，在实践中及时运用一些最新的管理理论和方法。为了能够尽可能地理论联系实际，提高受训者解决实际问题的能力，我们可借鉴德国的一些培训中心的做法。他们实行一种称之为“篮子计划”的方法。即在学员学习理论的基础上，把一些企业中经常遇到并需要及时处理的问题，编成若干有针对性的具体问题，放在一个篮子里，由学员自抽自答，进行讨论，互相启发和补充，以提高对某一个问题的认识和处理能力。

第二要提供舞台，这是一种对员工的精神激励。比如联想的具体做法是：制定了总公司的目标和战略之后，接着确定各子公司的目标和责任，和子公司的领导们讨论要实现目标他们应该有哪些权力，并明确奖惩标准。目标制定后，具体怎么去实现目标，是由子公司负责人或者部门负责人及他的团队设计的，当然在做之前，各个部门负责人会把这个方案向总部汇报，以保持同步。

企业管理者一定要知道，工作岗位就是最好的培训地。要想在工作岗位上培养员工，首先要为员工提供合适的位子，然后要使员工明确自己的责任。只有每一位成员都明确自己的责任，才能更好地完成团队任务，才能更好地成长。

第三是要激发员工的潜能。把员工放到最能发挥其特长的岗位上去，通过岗位锻炼激发员工的潜能。员工表现平庸多半是被放错了位置，每个员工都有各自的长处和不足，关键是管理者。另外，管理者要适时把员工放到新的工作环境中接受新的工作任务，用不同的岗位锻炼员工，从而保持员工的持续学习状态。

第四是进行职务轮换。职务轮换是使受训者在组织内部不同部门的不同主管位置或非主管位置上轮流工作，以使其全面了解整个组织的不同的工作内容，得到不同的经验，为今后在较高层次上任职打好基础。职务轮换包括非主管工作的轮换，主管职位间的轮换等。

（1）非主管工作的轮换主要是在组织的第一线进行的。目的在于使受训者了解组织最基层的各类业务活动；了解这些活动的基本特点、基本过程；了解基层非中层管理者的工作情况和精神状态。这种轮换的时间一般不要求太长，参加轮换的人多为刚从组织外部招聘来的人员。

（2）在主管职位间轮换是在组织内的同一层次上的各个不同部门的主管职务上进行的。这种轮换的目的是使将要提拔到较高层次的中层管理者，在不同的职务上根据各部门的不同特点，学习实际的管理经验。这种方法不要求中层干部对部门活动有很深的了解，而是强调全面管理技能的提高，使他们积累在不同管理部门的经验，以胜任较高层次上的管理工作。

（3）事先未规定的主管职务间轮换也是在同一层次内进行的，与前一种轮换的不同在于，它事先并未规定到哪个主管位置上轮换，也没有规定时间长短，而是根据受训中层管理者的具体情况，来决定其到哪个部门和时间的长短。

除了以上介绍的方法之外，还有许多具体的方法，例如辅导、研讨参观考察、案例研究、深造培训，等等。总之，组织各部门在具体的培训工作中，要因地制宜，根据企业或部门的特点以及所培训人员的特点来选择合适的方法，使培训工作真正取得预期的成效。

第四章
一切自动自发：老板最终是个摆设

海底捞一般没机会催员工做事，除非是催你走人。

主动的精髓：
像"打麻将"一样工作

仔细一想，其实打麻将包含了所有企业成功的精髓。任何工作都不是一个人单打独斗，要的是集体配合。比如，你坐在我对面，你洗牌时，牌掉在我脚下，谁捡？当然是我捡！因为早捡起来，早开局；早开局，我好早点赢钱。所以打麻将，不管谁掉了牌，都会有人尽快捡起来。

海底捞是我们的家，一个人做错了，实际上跟大家都有关系，那么我们为什么不能用打麻将的精神来工作？

打麻将通宵达旦是常事，而且，第二天很少有人抱怨自己又"加了一个夜班"。还有一个我觉得神奇的地方，打麻将用手就能摸得出来是什么牌。九万与七万，六条和九条，多小的差别呀，居然能摸出来！为什么？因为打麻将的人用心了，用心的人学东西就能学进去，大不了慢一点，但迟早能学会。我真佩服打麻将的人，那真叫用心来感受。

最后，我最最佩服的就是打麻将的人永远不抱怨别人，只从自己身上找原因。你有没有看到打麻将输了钱的人说："哎呀，龟儿子瓜兮兮，跟我打麻将简直是抢钱。"

——海底捞员工谈麻将精神

延伸阅读

张勇最先给火锅店起名的时候想了很久，但一直没有一个满意的名字。这天，张勇仍被店名困扰，在一旁打麻将的妻子刚好和了牌，而且是最后一张牌，这样就赢得很多，在四川，这个牌面叫作海底捞。妻子看张勇还拉着脸想店名，就随口说叫海底捞好了。张勇一下子就相中了这个名字，火锅店就这么得名了。

四川人喜欢打麻将，员工夏鹏飞将麻将精神注入了工作中，形成了海底捞独特的企业文化——麻将精神。

首先，打麻将需要的是团队合作，三缺一就打不成。海底捞每天的工作需要的也是团队协作，从外面的门迎到店内的服务，从厨房到收银，以及采购和保洁，这些都是不能分割的，要很好地对接起来才能提供优质的服务。

后厨上菜发现服务员太忙，没有把桌子清理出来，要怎么做；清洁人员遇上需要点餐的顾客，要怎么做。夏鹏飞拿打麻将的例子打比方，麻将掉在谁的脚下，谁都会顺手捡起来，因为这样才能更快地开始打，也就能早点赢钱。所以，在海底捞，每个人的工作都是和所有人息息相关的。

拿海底捞对传菜员的规定来说，从厨房出去的时候是上菜，回来的时候也不能空着手，要带回服务员撤下的火锅或者碗筷，等等。其他工种也有类似的合作规定。

第二，打麻将的人从来不会抱怨工作环境差，也不会觉得辛苦，但工作时人们往往很难做到这样。

第三，有人麻将打得久了，闭着眼睛都能打赢，因为他用心去记，每个牌面一摸就知。这也正是海底捞倡导的用心，比如顾客第二次来就能记住他们的名字，第三次来就能知道他们喜欢吃什么，只要用心没有记不住学不会的东西。

第四，打麻将的人从来不会抱怨别人，输了也只会怨自己点儿背，决不从别人身上找原因。工作或者服务中出了问题，就要先从自己身上找原因。其实这样才真正掌握了主动性，因为问题在别人身上你是没办法改变的，但在自己身上你就能改变它，只要你愿意。

总结起来，麻将精神就是教给你怎么团队合作，如何在团队中处理好自己与他人的关系，以及自己与自己内心的冲突，达到团队合作的价值最大化。

Business Develop

相传，佛教创始人释迦牟尼曾问他的弟子："一滴水怎样才能不干涸？"弟子们面面相觑，无法回答。释迦牟尼说："把它放到大海里去。"一个人再完美，也只是一滴水，一个团队就是大海，把自己融入团队，才能永不干涸，更好地实现自己的人生价值。

管理者要让员工认识到，一个人只有融入团队、在团队的帮助下，才能充分发挥潜能，达到个人业绩最大值，更快更好地实现人生价值。如果我们在工作中只知埋头单干，不懂得依靠团队的力量，那么我们的忙碌很可能只是低效率的蛮干。

在 2006 年 1 月 29 日的篮球比赛中，活塞队让"81 分先生"科比率领的湖人队俯首称臣。科比比活塞队的任何一个球员都出名，也比任何一个活塞队的球员实力都强，这场比赛中科比的得分也很高，没有发挥失常，但活塞队以团队精神著称，他们依赖团队合作战胜了篮球巨星。活塞队的汉密尔顿赛后表示："我们拥有 5 名球星。如果我们总让五人之一投篮的话，他的场均得分也能够达到 30 多分，我们能够做到。但我们不这样做，我们知道我们的最终目标是什么，我们要的是总冠军。"想拿总冠军的团队不能有个人英雄主义思想，必须树立团队合作精神，必须强调团队整体的优秀。

与湖人队相似，很多企业存在着个人英雄主义。个人品牌大于组织品牌，一个企业的生命往往系于老板或著名经理人身上，这种现象不是基业常青之道。如果想要追求企业的长远发展，一定要实现：组织品牌大于个人品牌。世界著名企业麦当劳、肯德基、可口可乐、百事可乐、宝马、奔驰、大众，它们的名字远比它们董事长、总经理的名字出名。企业只有发挥团队中每个人的优势，形成强大的团队战斗力，才谈得上做强、做久、做大。

韦尔奇曾精辟地指出："一个公司就像一座大楼，它分为若干层，而每一层又隔了很多小格子，我们就是要把这些隔层尽量打掉，让整个房子变成一体。"

在市场竞争中，有冲在市场一线的销售人员，也有在后方从事产品研发的技术人员和从事制造的一线工人。产品是生产部门生产出来的，却是市场部门销售出去的；生产部门是需要"花钱"的部门，市场部门是"挣钱"的部门；生产的资金需要市场部门从市场赚回，但市场部门销售的商品需要生产部门提供：生产与销售，有如后方与前方，又有如军队的保障与作战，是两个不可或缺的轮子。

正是这样一个完整的链条，构成了企业参与竞争的全部家底。无论哪个结合部产生了矛盾，都会导致整条战线无法协同共进，工作的有效落实成为空谈，所有员工的忙碌变成空忙。

公司的良性运转需要每一位成员的主动投入和出色配合，无论你在企业中充当什么角色，你的每一项工作与同事的工作都有一个接口。这就意味着只有通过团队协作才能共同把工作做好。

管理者要不断向员工强调团队合作的重要性，促使每一位员工主动加强与同事之间的合作，提高自己的团队合作精神。管理者可以向员工传递以下思想，促使员工提高团队精神。

1. 主动交流

交流是协调的开始，员工与同事之间在经历、知识、能力方面会存在某些差别，管理者要鼓励员工把自己的想法说出来，多听听别人的想法。

2. 保持乐观心态

即使是在工作上遇到了麻烦，也不要悲观丧气，要乐观，管理者要鼓励员工："我们是有能力的，肯定会把这件事解决好的。"

3. 谦虚友善

纵然某位员工在各方面都比同事优秀，即使凭借他一个人的力量就可以解决眼前的工作，管理者也要提醒员工不可过于张狂，要让员工明白，员工不可能永远做到独自完成一切。

4. 坦然接受别人的批评

管理者要鼓励员工把同事当成朋友，坦然接受他们的批评。要让员工知道，一个对批评暴跳如雷的人，每个人都会对他敬而远之。

5. 注重群策群力

管理者应时常提醒员工，两个人的力量比一个人强，整个团队的力量则更强大。如果每一名员工都可以提出令顾客满意的建议，并在其他团队成员遇到困难时及时提供帮助，那团队的业绩必然会更加出色。

6. 既确认团队贡献，又肯定个人成绩

如果团队取得了成绩，管理者就应当肯定每一名成员的贡献，没有大家的参与，团队是不可能获得成功的。

7. 相互信任，坦率沟通，正视并解决问题

团队中每一位成员只有主动地表达不同看法，才能有效地解决问题。例如，一名员工把对优质服务的看法分享给大家，就可以使工作伙伴更加有效地工作。

8. 积极听取他人意见，主动与每一个人沟通

有效沟通可以明确表达自己的想法，并倾听他人的意见。团队中的成员都应该与其他成员进行沟通。

9. 100%地支持决定

在每个成员都发表意见并聆听了他人的意见后，团队应该做出一致的决定，并且每一个成员都必须支持和遵循决定。如果员工就同一问题给顾客不同的答案，势必会造成混乱，因此，管理者必须对团队成员要求，在行动开始后，团队就应该像一个整体那样去工作。

甩手掌柜：
雇了别人就别插手别人的事

我从不去考察竞争对手的经营情况，但会派属下去。我不是一门心思扑在工作上，一个月只会开几次会，平时在家休息带小孩，有空去旅游，你要是坐在我的职位上，会觉得做董事长真轻松真好。

既然你花那么多钱雇了人家，分了人家这个职务，你为什么要干人家的事情？犯错也该人家犯。

一个餐馆不论名气或者装潢，客人从进店到离店，始终只跟服务员打交道，所以餐馆客人的满意度基本掌握在跑堂员工手里。怎样才能服务好客人？那就是要善用这些在现场的普通员工，多发挥他们的才智。做法很简单，就是授权，给他们做决定的权利。这等于海底捞的服务员都是经理，因为这种权利在所有餐馆都是经理才有的。

我就享受到了授权的甜头，只有授权才是信任员工的表现，你可以通过制度来规范，然后它可以带来保证顾客满意度的好处，可以让你的员工觉得自己是主人，一些口头上的话就会变成现实。有些企业家说企业是大家的，但是实际上他并不信任你。我们也说企业是大家的，但是这些话我是通过授权把它实现，真正变成大家的。

——张勇谈管理授权

延伸阅读

被媒体称为“甩手掌柜”的张勇对于海底捞似乎“不闻不问”了。最近两年，他极少亲自去巡视各个分店，多半时间就是看书、旅游和打麻将。事实上，对于一个拥有82家餐厅、2万员工的管理者而言，不可能做到事事亲力亲为。张勇曾打趣地说道：“这个企业现在是我们的，将来是儿子们的，归根结底还是那帮孙子们的嘛。”所以大部分的时间，他不会过多地过问海底捞的运营情况。

在“中外管理‘管理中国’总评选”的领奖台上，当被问及海底捞的成功秘诀时，张勇的回答出乎所有人的意料：“可能是我太太长了一张超级旺夫脸。”

颁奖过后，当记者向张勇询问海底捞的店面数量的时候，张勇竟然毫不知情，直到拨打了几个电话才辗转得知海底捞2010年的店面总数为52家，相比2009年增加了16家。挂了电话，张勇自言自语道：“今年怎么新开了这么多店？”

很难想象，这个对海底捞知之甚少的张勇是红遍全国的海底捞的董事长。不像诸多安全感匮乏的管理人员，对于海底捞的许多事情，张勇选择放手让下属去做。如果连一棵白菜、一双碗筷都要自己去买，不仅仅造成运营上的低效，更是一种对员工的不信任。

对火锅店的运营，每一个店面的选址至关重要，但是张勇选择撒手不管，全权由店长负责，自负盈亏。海底捞的一线员工不用向大堂经理或者店长汇报，有权直接给顾客免单或者免费送一些小菜。

据说，IDG的投资人曾向张勇了解海底捞的情况，询问一些类似羊肉采购地、一盘羊肉的重量等问题，但是张勇对此一无所知。可对于一些原则性问题，张勇又会“小题大做”，比如有一次，他看到店员免费送给顾客的橙子颜色不均、大小不一，他便亲自给顾客道歉，并严肃地批评了店长。作为一个管理者，张勇拿捏得很有分寸，可谓收放自如。这使得员工灵巧地游离在以张勇为核心的海底捞里。

“一问三不知”的张勇反倒使海底捞达到了“无为而治”管理境界。事实上，卓有成效的管理者不会事必躬亲，而是放权给下属。对于管理者来说，在给员工分配了工作任务之后，还不等人家完成就亲自动手是一个致命的错误。

把工作交给部下的最大好处在于：节约了管理者的时间。管理者将任务交给员工去处理时，他就会有更多的时间去处理别的更重要的事情。

井深大是索尼企业的一名功臣，说他是一名功臣可不是说他一个人撑起了索尼的一片天，而是说他将个人知识和集体的智慧结合起来，发挥团队优势为企业创造了巨额的财富。在井深大刚进索尼公司时，索尼还是一个小企业，总共只有 20 多名员工。老板盛田昭夫信心百倍地对他说：“你是一名难得的电子技术专家，你是我们的领袖，好钢应该用在刀刃上，我把你安排在最重要的岗位上——由你来全权负责新产品的研发，对于你的任何工作我都不会干涉。我只希望你能发挥带头作用，充分地调动全体人员的积极性。你成功了，企业就成功了！”

这让井深大感受到了巨大压力。尽管深井大对自己的能力充满信心，但是还是有些犹豫地说：“我还很不成熟，所以虽然我很愿意担此重任，但实在怕有负重托呀！”盛田昭夫对他很有信心，坚定地说：“新的领域对每个人都是陌生的，关键在于你要和大家联起手来，这才是你的强势所在！众人的智慧合起来，还能有什么困难不能战胜呢？”

盛田昭夫的一席话一下子点醒了井深大。他兴奋地道：“对呀，我怎么光想自己？不是还有 20 多名富有经验的员工嘛！为什么不虚心向他们求教，和他们一起奋斗呢？”于是，井深大信心满满地投入工作当中。就像盛田昭夫放权给他一样，他把各个事务的处置权下放给各个部门，比如他让市场部全权负责产品调研工作。市场部的同事告诉井深大：“磁带录音机之所以不好销，一是太笨重，每台大约 45 公斤；二是价钱太贵，每台售价 16 万日元，一般人很难接受。”他们给井深大的建议是：公司应该研发出质量较轻、价格低廉的录音机。

与此同时，井深大让信息部全权负责竞争对手的产品信息调研。信息部的人告诉他：“目前美国已采用晶体管生产技术，不但大大降低了成本，而且非常轻便。我们建议公司在这方面下功夫。”在研制产品的过程当中，井深大和生产第一线的工人团结协作，攻克了一道道难关，于 1954 年试制成功了日本最早的晶体管收音机，并成功地推向市场。索尼公司凭借这个产品傲视群雄，进入了一个引爆企业发展速度的新纪元。

在这个事例中，我们应该注意到最为重要的两个环节：盛田昭夫放权给井深大,井深大放权给其他部门。在充分授权下,索尼公司发挥出团队的整体作用，调动了每一位员工的积极性，把团队的力量发挥到了极致，从而取得巨大成功。

既然授权可以提高管理效率，激发员工积极性，但为什么很多管理者不愿意进行授权呢？常见的原因有以下几点：

首先，也许可以把集权归结为传统小生产体制时代的产物，代代相传，今天我们的主管才会把“领导的职责”定位于此。

其次，管理者相信，对于这件工作，自己是唯一的胜任者，即使让下属完成也是一百个不放心。然而，真实的情况往往是管理者并没有真正把他手头的工作重新考虑，按难易程度排序，以确认有些工作是只有他自己才能做到的，而其他大部分工作并非如此。如果说下属的确给你“不能胜任这项工作”的印象，很可能仅仅因为你没有给下属机会让他们去做。还有，管理者不相信下属会完全领悟自己想表达的东西，把工作交给他们，结果自己不会满意，到头来还要自己亲自去做。

最后，管理者有时懒得费口舌向下属解释工作如何做，所以下属不知道该怎么做，自然也就做不好。如果你把工作标准化，你的解释并不麻烦，而且如果你不让下属做这一次，下一次他们又怎么可能做到使你满意呢？

但是种种原因实际上都是借口，这些理由都是难以成立的。有些管理者内心里所真正担心的不是下属做错事本身，而是怕被下属做错事所连累。这一类管理者一方面对下属欠缺信心，另一方面又不愿意为下属受过，所以有如唱独角戏那样凡事皆亲自操办。下属难免做错事，但若管理者能给予适当的训练与培养，做错事的可能性必然减少。授权既然是一种在职训练，管理者就不能因怕下属做错事而不予训练，反而更应提供充分的训练机会以避免下属做错事。

有些管理者因担心下属锋芒太露，或“声威震主”而不愿授权。但是从另一角度看，下属良好的工作表现可以反映管理者的知人善任与领导有方。其实，在授权的时候，倘若管理者划定明确的授权范围，注意权责的相称，并建立追踪制度，就不会发生这样的状况。

此外，“找不到适当的下属授权”常被一些管理者当作不愿授权的借口。每个下属都具有某种程度的可塑性，因此均可授权予以塑造。就算真的找不到一位可以授权的下属，仍是管理者的过失，因为倘若员工的招聘、培训与考核工作做得不差，又岂会有“蜀中无大将”之理?

其实，对于任何一位管理者，其管辖的工作大体上可分为5种层次：一是管理者必须亲自履行的工作；二是管理者必须亲自履行但可借助下属帮忙的工作；三是管理者可以履行但下属若有机会亦可代行的工作；四是必须由下属履行但在紧急关头可获得管理者协助的工作；五是必须由下属做的工作。在正常情况下，管理者对第三层次以下的工作应该授权下属去履行。

可见，授权并非不能，而是管理者自身愿不愿意的问题。在企业经营过程中，只有适度授权，你才能成为一个卓有成效的管理者。

主动犯错
也是极好的

我不需要打工仔，我需要的是企业家。所以我的授权很大，我会让他去做看起来他不会做成功的事情，只有这样他才能改变，因为他没有专业知识，没有资金，没有人脉，只有一双手，你的命运只能靠自己来改变。虽然可能会因为他是一个小孩子，判断不够准确而造成很多损失，但还是坚持让他们去做，我要让他们明白管理是永远创新型的。要授权我就一定不能去上班，上班我会被气死。做好也是你的事情，不是我的事情。我觉得这很好，我觉得每个企业都应该这样做。

——张勇谈把员工当合伙人

延伸阅读

张勇曾说："我不需要打工仔，我需要的是企业家。"在海底捞，每个人都不是打一枪换一个地方的打工者，而是自己未来事业发展的计划者。让员工产生这种想法并不是每天洗脑就可以的，而是要让他们真实地看到和感受到。

在海底捞，每个人都有掌握公司的权利，比如员工的免单权，管理层的签单权，每个人都公平发展的晋升机制，除此之外，最让员工感受到自己为海底捞当家做主的就是员工的持股权。

2003年，张勇以西安一个分店为试点，开始将公司股份作为奖励分配给员工，只要成为海底捞的一级员工就可以参与公司的分红，分红数目为营业毛利润的3.5%,这也被称为员工奖励计划。两年后,这个计划在郑州有了第二个试点。之后，通过海底捞董事会的表决，每个城市只要有了3家店以上，便可以实施这项计划。

张勇所需要的“企业家”，是指员工要将自己置于企业家的角度思考问题。张勇不但要求海底捞的高层管理做到这样，也希望每个员工都能够把自己当成企业家，海底捞就是他给就业者提供的成为企业家的平台，在张勇看来，他可以做到的事情别人也可以做到，他只是在模仿别人的基础上进行了一些创新。

提到餐饮或者其他服务行业，除了“大当家”的，大部分人都被看作是打工仔，服务人员自己心里也是这么认为的。所以，员工内心并没有和公司产生很深的联系，假如有机会去到工资更高、环境更好的地方，他们选择离开的概率就会很高。

在餐饮行业平均流失率近30%的情况下，海底捞的年平均流动率只有10%；当别的餐馆都费尽心思招人、挖人的时候，来海底捞应聘的却络绎不绝。

Business Develop

员工持股之后，海底捞对他们而言就不再单纯只是一个工作的地方，而是变成了自己的一个企业，员工也成了张勇的“合伙人”。如此一来，海底捞的每个人都将竭尽所能去呵护它，带它长大。和张勇一样，把员工当作合伙人的还有美国零售大王山姆·沃尔顿。在他创办的沃尔玛公司，员工不是公司的螺丝钉，而是公司的合伙人，他们尊重的理念是：员工是沃尔玛的合伙人，沃尔玛是所有员工的沃尔玛。在公司内部，任何一个员工的铭牌上都只有名字，而没有标明职务，包括总裁；大家见面后无需称呼职务，而直呼姓名。沃尔玛领导者制定这个制度的目的就是使员工和公司像盟友一样结成合作伙伴的关系。

沃尔玛的薪酬一直被认为在同行业不是最高的，但是其员工以在沃尔玛工作为快乐，因为他们在沃尔玛是合伙人，沃尔玛是所有员工的沃尔玛。

在物质利益方面,沃尔玛很早就开始面向每位员工实施其“利润分红计划”，同时付诸实施的还有“购买股票计划”“员工折扣规定”“奖学金计划”等。除了以上这些，员工还享受一些基本待遇，包括带薪休假，节假日补助，医疗、人身及住房保险等。沃尔玛的每一项计划几乎都是遵循山姆·沃尔顿所说的“真正的伙伴关系”而制订的，这种坦诚的伙伴关系使包括员工、顾客和企业在内的每一个参与者都获得了最大程度的利益。沃尔玛的员工真正地感受到自己是公司的主人。

山姆·沃尔顿在总结自己的成功时候说：“和帮助过你的人一起分享成功是我成功的秘诀。”在他看来，与所有员工伙伴共享利润是以合作伙伴的方式在对待他们，公司和经理通过这种方式，改变了与员工伙伴之间那种传统的关系，使得这些员工伙伴在与供应商、顾客和经理的互动关系中开始表现得像个合作伙伴。而合作伙伴是被赋予权力的一类人，所以员工伙伴会觉得自己也被赋予了权力，从而以更加认真和积极的态度来看待自己肩上的责任。

山姆·沃尔顿说：“让员工伙伴完全参与到公司中来，从而成功地给他们灌输了一种自豪感，使他们积极参加到目标确立和实现并最终赢得零售胜利的过程中来。”通过与所有员工伙伴共享利润以及赋予他们在工作岗位上的权力，山姆·沃尔顿赢得了员工伙伴极大的忠诚，这也是他创办的沃尔玛如此成功的重要原因。

现在很多的企业推行“参与管理”，管理者如果真的希望团队管理有成效，就应倾向于员工参与或领导，因为这种做法能够确实满足“参与就受到尊重”的人性心理。成功团队的成员身上总是散发出挡不住的参与热情，他们积极主动，一逮到机会就参与。他们的无私奉献和热情建议不仅使团队的管理模式一步步趋向完美，更给企业创下了良好的收益。

玫琳凯化妆品公司创办人玫琳·凯说过：“一位有效率的管理者会在计划

的构思阶段时，就让下属参与其事。我认为让员工参与对他们有直接影响的决策是很重要的，所以，我总是愿意冒时间损失的风险来这样做。如果你希望下属全然支持你，你就必须让他们参与，愈早愈好。”

亲自参与的成员永远会支持他们参与的事物，当大家的热情都投入到团队运作中来的时候，团队所展示出来的力量绝对是无法想象的。把员工视为企业的合作伙伴，这是员工最希望得到关系。把员工视为企业的合作伙伴，就能增加相互的协作，这样不仅员工能迅速成长，企业获得的效益也是巨大的。这种有效的方式，能实现双赢。

团队在拉你，你还不主动走两步？

我不仅学会了怎么对待新员工，怎样同别人成为朋友，还学会了使用电脑。

以前在家我只会带孩子，不知道怎么教育，也不会做饭。因此，我经常担心，像我这么笨的人，以后怎么生存，怎么把孩子养大？现在我不怕了,我在海底捞学会了好多好多。我庆幸加入了海底捞这个大家庭，我不会再为生存而发愁，不会因为没钱不能养孩子发愁。我真是很感激你，海底捞！让我真诚地向你说声谢谢！

——北京八店张海霞感谢海底捞大家庭多年来的帮助

延伸阅读

如果海底捞的员工像一个木桶，那么短板的员工就是那最矮的一块木板。西安一店油碟房的吴阿姨就是这样一位短板员工，40多岁的她，虽然在海底捞任劳任怨，特别能吃苦，但是受教育程度低、年纪大也让她能胜任的岗位寥寥无几。在刚进入海底捞的几年里，吴阿姨一直都因为勤劳获得劳模奖，可随着海底捞的发展，人人都在进步，吴阿姨要想继续获得劳模奖就必须做到一岗多能，否则不久的将来，甚至能否留下来都是问题。

对于这样一位短板员工，西安一店的管理层没有选择弃用，而是由店经理出面和吴阿姨说明情况，进而全店所有人都帮助她，从认字和磅秤开始。吴阿姨自己回忆说："那段时间，整个一店的员工都是我的老师，从门迎到后勤，每个人都教我认字认秤。"吴阿姨身上随时带着经理给写好的认字卡片，一有空闲就看。店长郭晶晶为了让吴阿姨能够尽快认磅秤，还用复写纸将磅秤图样放大，逐一在纸上标明。为了鼓励吴阿姨，郭晶晶甚至制定了奖惩制度，吴阿姨一个月内完成不了认字、认称，工资降一级；如果按时完成，会有奖励，完成得越早，奖励越高。

都说功夫不负有心人，吴阿姨在全体一店员工的帮助下，在半个月内就完成任务，不仅可以认秤，基本的字也可以认识，终于可以在其他岗位工作。在海底捞，还有很多这样的例子，海底捞对于短板员工不离不弃，这样的员工也是海底捞员工中最忠诚的员工。

Business Develop

一般来说，人们在谈论起海底捞的服务时，很容易因为那一两个短板员工而否定整个门店的服务。普通企业为了尽可能地提高员工素质，自然是抽掉短板，重新换一块，原因是企业家们没有耐心等待短板员工的成长和转变，希望每个员工都能立马上岗，根本不愿意给短板员工时间。而海底捞的管理层换了一种处理方式，那就是所有人都帮助那些短板的员工，让他们尽快赶上来。粗暴地换掉短板员工，会让其他员工产生兔死狐悲之感。

在感动于海底捞不放弃短板员工的人性闪光点时，企业管理者也应该从中有所体悟，帮助和理解自己公司的短板员工。

20 世纪 70 年代，美国著名学者艾尔·赫希曼针对发展不平衡问题提出了著名的经济学"木桶原理"。木桶的装水能力到底是由什么决定的？一个木桶是由许多木板组成的，如果是一个木板长度不一的桶，这个桶能装多少水，并不取决于长木板的长度，也不取决于各个板的平均长度，而取决于最短的一块板条以及木板之间的结合紧密程度。如果是一个木板长度相同的桶，装水的能力是由木板间的结合紧密程度决定的。

用木桶理论来解释影响团队关系的 3 个因素非常恰当。在影响团队的第一个因素中，决定团队整个水平的关键在于团队中那个能力最低者的水准；在构成团队的第二个因素中，个体之间的关系就好像各木板之间结合的紧密度，如果板条不能扎紧或是出现裂缝以及漏洞的话，那么这个桶也是装不住水的；在构成团队的第三个因素中，管理者就如同木桶的设计者和制造者，木桶能装多少水与他的关系非常紧密。

下面是华为总裁任正非先生的一次讲话：

在管理改进中，一定要强调改进我们木板最短的那一块。要坚持均衡发展，不断地强化以流程型和时效型为主导的管理体系的建设，在符合公司整体核心竞争力提升的条件下，不断优化你的工作，提高贡献率。

为什么要解决短木板呢？公司从上到下都重视研发、营销，但不重视理货系统、中央收发系统、出纳系统、订单系统等很多系统，这些不被重视的系统就是短木板，前面干得再好，后面发不出货，还是等于没干。因此全公司一定要建立起统一的价值评价体系、统一的考评体系，才能使人员在内部流动成为可能。比如有人说我搞研发创新很厉害，但创新的价值如何体现，创新必须通过转化成商品，才能产生价值。因此要建立起一个均衡的考核体系，才能使全公司短木板变成长木板，木桶装的水才会更多。

我们每个人都负有提升自己能力的责任，因为如果你安于现状，保持原有水平工作，那么你已经是在后退了。

劳拉是一个天资聪颖的女子，凡是见过她的人都会为她的聪明开朗和热情大方所吸引，她的朋友很多，她常常为周围的朋友们排忧解难。劳拉是华尔街一家知名股票交易所的资深分析员，她的工作业绩一向很好，股票交易所的老板戴尔先生非常器重她，她已经在这家交易所干了 5 年多。这里的工作给予了劳拉优厚的待遇和发展事业的空间。在交易所生意冷淡的时候戴尔先生曾解聘了几位分析员，但劳拉被留了下来，而且戴尔先生还给了她一个月的带薪休假期，这种情况在失业率频频升高的美国实在是难得一见。

埃米莉是劳拉的朋友之一，她最近失业了，心情非常不好。她找到了劳拉，希望能够向劳拉吐吐心中的不平："我在这个公司干了两年多，现在公司发展了，每天都在招新人。而我却被公司一脚踢了出去，你说这是为什么？"

"噢，埃米莉，听到这个消息我感到很遗憾，不过我也不知道你们公司的具体情况，我想也许有很多原因吧。"劳拉知道埃米莉现在很脆弱，她小心翼翼地回答。

埃米莉似乎也不想再谈自己的倒霉事，她问劳拉："劳拉，你一向那么能干，我不知道你是怎么做到这些的。我知道你们那一行的失业率更是居高不下，不过你一直都做得很好。"

劳拉很高兴谈论自己的工作，她说："我喜欢这份工作，它很有挑战性，而且这一行业发展得也很快。也正因此，我总是竭尽全力提高自己，我害怕有一天自己会跟不上同事们的脚步，或者被迅速发展的公司所淘汰，最终成为掉队的那一个。"

埃米莉对劳拉的话感到吃惊："你怎么会成为掉队的那一个？你是那么的优秀，而且你的业绩一向那么突出。"

"我的业绩确实一直不错，不过公司发展得很快，而且同事们每天都有新的进步，我甚至都能感受到公司前进的步伐在催我每天都要前进，还好我从来没有掉队。从懂事的时候起，父母就常常告诉我：'不要成为掉队的那一个。'在后来的学习和工作中，我也习惯了以此激励自己，直到现在。"劳拉说道。

埃米莉似乎有所领悟。"'不要成为掉队的那一个'，连你这么优秀的人都经常以此来激励自己，而我却总是认为自己做得已经足够好了，如果我早些听到这句话，可能现在就不会如此窘迫了。"说着说着，埃米莉的声音忽然提高了："不过现在也不晚，是吗，劳拉？"劳拉很高兴听到埃米莉这么说："是的，埃米莉，希望我们都不要成为掉队的那一个。”

现在很多公司都实行末位淘汰制，总是会把水平最低的那部分人淘汰掉。华为每年招聘的职工经过企业培训，其中的5%会因为评定成绩最差而被淘汰掉；可口可乐的销售人员中有8%的人因为业绩最低而被降级、扣除奖金或者被公司解雇……那种拿铁饭碗的时代已经一去不复返！

我们都明白是否有一个优秀的团队是公司与其他同行竞争的关键所在，而支撑这种卓越的基础正是我们自己的出色。

任何一个管理者都不希望员工出现拖后腿的现象，因为这就意味着他的团队需要清除出水桶中最短的那一部分。一个精英团队中势必每个成员都很杰出，只有这样才有可能在竞争中处于优势。

导向的力量：
榜样的今天就是你的未来

在我看来，每个人都有理想，虽然他们中的大多数人来自农村、学历也不高，但他们一样渴望得到一份有前途的工作，希望和城市居民一样舒适体面地生活，他们也愿意为追逐梦想而努力，用双手改变命运。我要让他们相信：通过海底捞这个平台，是能够帮助他们实现这个梦想的。只要个人肯努力，学历、背景这些都不是问题，他们身边榜样的今天，就是他们的未来。

——张勇谈海底捞的榜样

延伸阅读

从过去的追星族到今天的粉丝，这个群体可以称得上疯狂，他们追求生活上、工作上与偶像的接近，为之迸发出平时少见的能量，这就是榜样的力量。

在海底捞没有偶像，但是有一群被人敬仰的榜样，他们和普通员工一样从基层做起，但经过磨难和奋斗后，他们成为海底捞大家庭的精英，管理着庞大的队伍，过着大家都希望过的体面又富裕的生活。不用张勇树立典型，他们自然地成了海底捞员工的榜样，比如袁华强。

2000 年，袁华强中专毕业，被学校推荐到了海底捞。面试没问什么问题，从小每年就没落下过农活的袁华强顺利通过了面试，成为一名传菜员。即使有过下地干活的经历，但每天跑来跑去对袁华强而言也不是件轻松的事。他咬着牙坚持了 3 个月，转到了门迎岗。袁华强不但干活积极，还能帮客人解决困难，特别是看小孩这种“苦差事”他干起来也得心应手。到最后小孩大人都和他成了好朋友，三天两头来找他玩。

之后他又被派去干了半年多的会计，这个时候，店里缺少一个领班，袁华强又被叫到这个岗位上当差。领班的薪水没有会计多，他心里很不舒服，怎么越干钱越少呢，袁华强动了辞职走人的心思。最后还是一个顾客开导他，告诉他领班是个管理岗，在这个位置上是很有发展前景的。

袁华强想通以后，就不停地努力，很快就成为店长。他开动脑筋，努力创新，在店里推广普通话和家政服务。鉴于他的出色工作，张勇把他调到了郑州做店长。但是这一次，求快心切的袁华强忘记了“求稳”，遭遇了重大的管理挫折，张勇把他痛骂了一顿。

袁华强再一次决定离开，张勇推心置腹地和他谈了一次，袁华强才又重新振作精神，总结失败教训，快速成长起来。最后，不到 30 岁的袁华强成为了北京大区经理。

一个农村走出来的孩子，从基层岗位做起，6 年时间成为大区经理，这听起来就振奋人心。杨小丽、林忆、谢英这些人也一样，他们不是英雄，不是偶像，却是激励员工往前走、对未来有信心的精神力量。

Business Develop

对于任何一个企业来说，员工都是最重要的资本。没有员工的努力工作，就没有企业的兴旺发达。员工的懈怠与松散是企业发展最大的敌人。因而一个企业不管其规模大小，要想长期生存、发展下去，就必须彻底改变员工工作上的懈怠情绪与纪律上的松散状况。专家韦恩·贝克认为，在企业中，消极的思想和行为更有可能导致集体的消极。相反，积极的员工，更能促进信息（包括不同观点）在公司内的传播。

能够激励他人的积极员工被视作榜样，他们不是拉拉队长，或盲目乐观主义者，他们能够使同事相信，他们的工作目标意义重大，而且，完全可以实现。

榜样的与众不同之处，表现在以下 5 个方面：

1. 具有积极向上的活力

有活力的人通常都是外向的、乐观的，他们善于与人交流、结交朋友。他们总是满怀热情地开始一天的工作，同样充满热情地结束一天的辛劳，很少会在中途显出疲惫。他们不抱怨工作的辛苦，他们热爱工作，他们也热爱享受。总之，充满活力的他们热爱生活。

由这样一类人组成的团队，也是积极向上、充满了活力的，大家都可以在一种非常融洽的气氛中工作。团队中的绝大多数人都非常积极活泼的话，在平时的工作中员工们就都能很开心地工作，即使是遇到了很多的困难，员工们都还是一如既往微笑着面对。很难想象，如果员工们每天都在冷冰冰的环境中工作到底会是什么样的一个场景。

2. 具有决断力

对于同一件事情，每个人都有自己不同的角度。一些精明的人能够无休止地从各个角度来分析问题，但是，有决断力的人知道什么时候应该停止评论，即使他并没有得到全部的信息，也需要迅速做出决定。

3. 具有执行力

执行力是一种专门的、独特的技能，它意味着一个人要知道怎样把决定付诸行动，并继续向前推进，最终达成目标，其中还要经历阻力、混乱，或者意外的干扰。有执行力的人非常明白，“赢”才是结果。

执行力是什么？说通俗一点，就是主管发出的指示，要不折不扣地立即去执行，对于主管的决定，先去执行，事后再进行相应的评估与改进。

4. 具有激情

所谓工作激情，是指对工作有一种衷心的、强烈的、真实的兴奋感。充满激情的人特别在乎（发自内心地在乎）同事、员工和朋友们是否取得了成功。他们热爱学习、热爱进步，当周围的人跟他们一样时，他们会感到极大的兴奋。那些富有激情的人并不是仅仅对工作感到兴奋，他们常常对周围的一切都充满激情。

5. 具有激励别人的能力

企业是一个团队，崇尚集体作战，不欢迎单打独斗的英雄。团队成员都是平凡人，但如果团队成员能团结得像一个人，那么团队同样能做出不平凡的事情。实际上懂得激励别人的人能鼓舞自己的团队，承担起看似不能完成的任务，并且享受战胜困难的喜悦。实际上，人们会因为有机会与他们共事感到万分荣幸。激励别人并不是只会做慷慨激昂的演讲，而是需要对业务有精深的了解，并且掌握出色的说服技巧，创造能够唤醒他人的氛围。

榜样能够在不同的场合采用不同的方式不断地激励大家。他们不会采用空洞的说辞，而是设身处地地为大家着想，站在大家的角度提出改进意见和努力方向。

清楚了激励分子的特质，我们如何把消极分子变为激励分子呢？给予员工"被感知"的激励，在一个企业组织内引导与调节、激励来挖掘人的潜能，通过激励来激发人的创造性，通过"被感知"的共识来达成目标、愿景，成为吸引人才和留住人才的核心"磁力"。

激励过程是一个外在管理资源到内心资源开发的过程，"被感知"是激励的内在要素，应不遗余力地做到以下 3 点：

第一，具体而恰到好处地表达与传导感染力，也就是在沟通中把被感知的需要，通过符合企业的需求及考虑员工个人情况进行回馈的过程。

第二，在找到彼此认同的着力点后，关键的一点就是给员工以尽可能大的发展空间。这个空间，是员工得以充分展现自己才华的空间，是能够负责完成某件事的空间，是自我发挥并得以实现结果的空间。当然这个空间还包括适合的引领、辅助和支持。

第三点，必须让下属明白，要借着不断努力，才可获得成就；努力应该给予报酬，以支持其不断向目标迈进；让适合的报酬与满足感成为现实；对于主管来说更应当做到：对努力者，必须加以褒奖。

何弃疗？
只有自己能改变自己

我们招员工基本上是这种情况，就是能来的，只要你身体健康就可以。而且我个人来讲的话，我是非常反对年龄歧视，相貌歧视的。他要想过渡到领导岗位是需要层层过关的，所以我们不是靠面试这一关，我们是靠你到了店里以后能不能成为一个实习服务员升到二级，二级升到一级，一级升到标兵、劳模，你是不是能够升到这个位置上去，你要升到这个位置上才能够进入到我的视线范围。

——张勇谈选人才

延伸阅读

1998 年的夏天，一个农村女孩漫无目的地走在四川简阳街头。她叫谢英，24 岁，[illegible]个[illegible]岁孩子的妈妈，初中学历，现在是一名餐厅服务员。此刻她正盘算着辞职的事情——餐厅生意冷淡，干了 4 个月才拿了两次工资。要是钱少工作氛围好，也能图个开心，可是连工作氛围也不好，没有什么可留恋的。

餐厅的旁边就是海底捞，那里的工服是简阳最漂亮的。哪个女孩子不爱美，谢英一下子就被吸引过去了，成了海底捞的一名传菜员，没想到没工作一个月就拿到了工资。

当时的谢英只有 24 岁，但在海底捞已经算“大龄”青年了。她当时的工作是给同事们做员工餐。虽说生长在农村，但谢英之前从没有做过饭。不出所料，她做出的员工餐除了生的，就是糊的。员工意见很大，店长跟谢英说，再给她一次机会，做不好就卷铺盖走人。这句话吓得谢英每天半夜都在琢磨菜怎么炒饭怎么做，结果，她还真成功了。

那时海底捞在简阳只有三四家店，张勇会经常到各个店里巡视。每次巡到谢英所在的店时，他都发现这个姑娘不但能做好分内的事，还到处帮着切菜、洗漏勺、发毛巾。在知道谢英这样坚持做了两年后，张勇把她调到了厅里做服务员。

一天，张勇来到这个店给领班开会，谢英也接到了开会通知。她一时搞不清状况，心里扑通扑通直跳。事实上，谢英不但去开会了，还被张勇要求发言，之后的每次领班会上，都出现了谢英的身影。没几天时间，店长告诉谢英，要提拔她做大堂经理。

这一下子可把谢英吓坏了，一个做饭的农村妇女，怎么能当大堂经理呢。谢英自己坚决不同意，她不相信自己能干好。店长没办法，把谢英的意思告诉了张勇，张勇回答说：“不行，必须做。”在“强迫”之下，谢英成了大堂经理。一年之后，海底捞在西安开了分店，张勇把谢英调到新店里继续做大堂经理。

西安开店的前两个月，谢英的工作做得并不好，最终被撤职，回到简阳海底捞店，做了仓管员。不过，每一段经历都是一种磨炼，都是在为未来累积经验。也许这是张勇对她有意的培养，谢英在这里学会了怎么保管物品，怎么摆放物品才能让拿取更方便，这也为后来她全方面地管理一个店面打下了基础。

3 个月以后，谢英成为海底捞的内训师，担任培训新员工的工作，她的口才得到很大提升。半年之后，她重新被张勇提为大堂经理。西安的第二家分店开业了，谢英决定在哪里跌倒就在哪里站起来，她来到西安成为一名店长。如今的谢英已经成为北京海底捞的小区经理，简阳市长出差到北京，张勇隆重地给市长介绍了谢英——这个曾经在简阳做饭的女孩子，如今已经和丈夫、孩子在北京安家了。

Business Develop

有怎样的老板就有怎样的员工，企业文化其实就藏在日常工作的每个细节中。

张勇反对年龄歧视、相貌歧视，只要你足够努力、愿意吃苦就有机会成为海底捞的员工。这与微软文化传递的秘诀是一样的。

巴利·林奈特在大学读书时，所学的专业是生物学，他对计算机也没有特别的爱好，在进入微软公司前，他从来没有接触过微型计算机。大学毕业后，他在美国各地旅行，最后在美丽的西雅图停留下来。这时，他与在微软公司基础训练部工作的贝齐·戴维斯交上了朋友。

当时，巴利正想找一份工作，以支付日常开支，戴维斯便请他到微软去帮忙。一到微软公司的训练部，巴利就被眼前的一切吸引住了。他请戴维斯带他去见老板，在比尔·盖茨的办公室，巴利说他很想留下来工作，比尔·盖茨看了看他，随意问了他几个问题，当场就告诉他明天可以来上班。

一个学生物的学生加入微软，这样的事情如果发生在我们国家的企业内，肯定会成为一段佳话，但是这样的事情发生在微软是很正常的。正是微软这种不拘一格降人才的策略，吸引了无数人才到微软工作，也成就了微软的伟大。

不拘一格降人才并不是完全没有标准和门槛，不拘一格的前提是对方是值得培养的人才。著名的领导力研究专家沃伦·本尼斯和帕特里夏·沃德·比德尔曼曾说："伟大的成功从优秀的人才开始。"他们的著作《七个天才团队的故事：如何领导创意精英》调查了7种非凡的协作模式，希望发现著名企业的卓越团队是如何创造出来的。

本尼斯和比德尔曼主张"首要的任务是雇到最出色的人，并把他们运用在团队中，让合适的人做合适的事情，使真正有天赋的人才缔造卓越的团队”。也就是我们在招聘员工的时候要坚持“价值匹配”原则。所以，选人才时还要遵循一定的方法。

1. 主动寻找

假设最需要的人才是不会主动找工作的，因为他们不必这样做就可以吸引到很多公司发出的邀请，这就暗示企业要打破预算和现有职工配备水准，进行招聘。一位微软高管人员曾说：“我们有按人数统计的预算吗？不可能。有些人在你的一生里只能见到一次。”

2. 要关注发展潜力而非经验

不过度地关注相关经验，而应更看重智力水平和聪明程度超过所有其他因素。

3. 寻找具有特殊天赋的人

合适的人才是那些“有决断力的，言辞敏捷，面对挑战可以灵活应对的人”。《努力推进：比尔·盖茨和微软帝国的建造》中介绍了刁难求职者的方法，包括困难的数学和逻辑问题。一位招聘人员曾说：“我们想知道他们是否有足够的驱动力，这样我们才能将他们置于我们的氛围中，并且让他们茁壮成长。”

4. 搜寻那些懂得和谐理性地相处的人

合作很重要，对于那些想成长的公司来说，只能依靠合作来完成某些任务。因而，卓越团队是由能够相互合作的人才组成的。企业的协作精神其实是管理内容和管理角色是否缺失的问题。在一个部门里缺乏人与人之间的协作，是部门经理的问题；在企业里缺乏部门与部门之间的协作是总经理的问题。作为整个工作流程中的一个单一个体，只有把自己完全融入到团队之中，凭借团队的力量，才能完成自己所不能单独完成的任务。

第五章

每种不同的服务背后都有一个微创新

创新就是为了让顾客能多点头。如果你能让每个顾客都点头，你就很伟大了，因为你居然解决了“众口难调”的世界性难题。

创新不是处心积虑，而是妙手偶得

海底捞的创意性服务在业界和顾客当中是很出名的，其实，大多数都是员工提出来的。我们的员工都很天才！创新在海底捞不是刻意推行的，我们只是努力创造让员工愿意工作的环境，结果创新就不断涌出来了。没想到这就是创新。

——张勇谈员工创新

延伸阅读

海底捞的诸多创新并不来源于对员工定性定量的考核，更像是自发性创造的结果。事实上，当一个人用心工作的时候，大脑的创造力是无穷的。张勇的经营理念是：让用心成为一种习惯，创新自然理所当然。

海底捞提倡创新，但不会刻意为了创新而创新。海底捞的所有特色服务创意几乎都源于员工日常的工作。员工看到顾客的手机沾上了火锅油，于是“发明”了手机袋；看到顾客头发沾到碗里了，于是“发明”了头发绳；看到顾客眼镜上布满了热气，于是“发明”了眼镜布；员工在拉面过程中增加些许技术动作，于是“发明”了“甩面表演”。

著名的“白板叫号”也是源自员工工作中的灵感。由于每天在海底捞排队等座的顾客特别多，叫号的员工嗓子都哑了，而不少顾客还时不时询问是否排到了自己的号。这种局面让西单店店长陈群兰十分困扰，于是她开始思考解决的方案，希望能改善这一情况，让工作更加有效。出于这样的目的，她在店门口放了一个磁性板，板上画着店内的区号分布情况，各个区号上对应着正在排队的号码。这样一来，顾客能够轻而易举地看到自己前面排着多少人，免去了服务员许多不必要的沟通。没想到，这个想法的反馈特别好，最后得到了大范围应用。“白板叫号”的创意应运而生了。

此外，有一个领位的服务员发现很难在等位区的茫茫人海中快速有效地找到顾客，每次都要同写号员进行沟通。他提议在快要排上座位的前三位顾客处摆放一盆小花。这个小小创意得到采纳后，不仅大大节省了沟通时间，而且还给顾客带来了愉悦的心情。

海底捞的创意无处不在。现在，每个店面里都有一个金点子排行榜。员工不断提出新的建议，经过众人讨论后，一旦可行便会付诸实践，进而在整个海底捞推广。正是这样的工作氛围使得员工能最大限度地发挥自己的热情与灵感，创意也就源源不断地涌现在顾客面前了。

Business Develop

员工在企业中的角色不只是机械地执行自上而下的战略，而是应该充分发挥大脑的想象力，提出自己的创意。海底捞的经验告诉我们，对于企业而言，一个员工的睿智心灵比他的双手双脚更有价值。

罗兰贝格工商技术管理学讲座教授苏米特拉·杜塔说：“贯彻执行企业的创新文化不是官僚式的烦琐手续，而是创造创新氛围，鼓励企业内部人人参与。”在创造性工作中，激励员工发挥最大潜能显得特别重要。

要对员工的创新行为给予奖励和激励，且二者都不能缺少。创新能力强的员工得到应有的奖励无疑会推动整个企业的创新进程。美国基因技术公司（Genentech）就是这么做的，奖励那些创新工作做得好的员工的通常做法是颇为可观的股票期权以及其他形式的报酬。而在思受普（SAP）公司，团队的业绩决定了个人的报酬，而高级管理者的酬劳则由他们所管理的团队对公司业绩所做的贡献大小来左右。

物质方面的奖励似乎更直接一些，但也不能忽视了精神上的支持。管理者可以公开对员工的工作予以真诚的认可，这种看似微不足道的小事常常要比现金奖励更有效。

不过，任何事情都具有两面性，创新也是有风险的，敢于让员工去创新，就要敢于承担创新失败的风险，敢于接受员工创新过程中出现的错误。

让底层员工敢于讲出自己的观点，是公司创新环节中很重要的一环。总经理跟员工薪水不一样，但不代表是不平等的，至少在形式和环境上应该营造一个平等的氛围，员工才敢把话讲出来。

经营者需要意识到，根据二八原则，企业组织里面存在 80% 的长尾员工，而只有 20% 是很重要的员工。这意味着，80% 员工的能力还没有被开发出来。是要把他们的能力发掘出来，还是让他们变成占用空间和资源的库存？答案显而易见。

有不少公司都会设立类似“创新日”的活动，在每年的集中几天在员工中征集各种点子。例如极富创造力的墨西哥水泥制造商西麦斯（Cemex）公司每年安排出 9 天时间作为“创新日”，每个“创新日”都是围绕着某项业务或某个职能部门展开讨论的。负责组织活动的公司副总裁在活动之前亲自给数百位员工发邀请函，让大家针对既定主题（例如开发新的客户解决方案，或是大幅降低成本）献计献策。与邀请函一并附上的还有一套创新小工具，参加者可用来拓展思路。

哈佛商学院副教授安德鲁·迈克菲 AndrewMcAfee 提出的企业 2.0 和 1.0 最主要的差异就是参与式领导。企业 1.0 只是告诉你做什么，怎么做，可谓指导式的管理方式。实际上，每个员工都希望公司发展得好，对公司有所贡献。领导者唯一需要做的是营造一个氛围让员工贡献。最简单又可行的办法就是营造一些机会或者场合，走入员工群体，跟他们一起工作。这对员工来讲就是最大的鼓励，这样的氛围也会引导公司的创新。

成就大创意的往往都是不起眼的小想法

高标准、人性化的服务一直都是海底捞的金字招牌，在奥运商机面前，这一特色更应该继续保持。埋头务实做品牌一直是公司得以发展壮大的根本所在。

迎接奥运并不是一个点，这个点过去了，由此的行动就告一段落了，而是应该将奥运视作一个发展的平台，利用这次机会使海底捞既有的品牌再提高一个台阶。

——张勇谈创新

延伸阅读

2008年北京奥运会举办前夕，张勇从新闻报道中得知将会有500万境外游客涌入中国。这个消息让张勇为之一振，他意识到奥运会势必会大大拉动北京的餐饮市场。为了抢占奥运商机，海底捞提出了一系列的应对之策。在奥运会正式开始之前，海底捞北京的所有分店开展24小时服务。为了让员工保持积极的服务状态，海底捞出台了一些激励性的薪酬制度，并将员工的工作热情作为店面考核的核心指标。

在“奥运餐饮”上，海底捞频出奇招，比如同“法国红酒文化中心”强强联合。

在北京的西单、王府井、三里屯等多家海底捞分店中出现了“法国红酒文化中心”LOGO。

一个蓝、白、红三色的法式橡木酒桶立在大厅的醒目之处，上面展示了5款葡萄酒及法国红酒文化中心手册。除此之外，酒桶旁还有专业的法国红酒讲师为顾客耐心地讲解红酒知识，推广红酒文化。海底捞的这一创意之举不仅吸引了众多的眼球，大大增加了前来就餐的顾客数量，而且让更多的中国人以最实惠的价格尝到了真正的法国红酒。

海底捞的创新从未间断。随着智能通讯工具的普及，海底捞开始采用iPad进行点餐。此外，为了满足现代商务人士的需求，海底捞在北京和上海的分店推出“视频会餐”服务。这种“视频会餐”服务需要在海底捞的“智真套间”进行，房间里摆放着6把椅子和几幅3.65英尺大屏幕。即使身处不同的城市，通过远程视频通讯系统，顾客同远在千里之外的朋友、家人或者合作伙伴共进晚餐成为可能。身处两地的同事或朋友之间可以一起享用热气腾腾的火锅，好像围着同一张桌子面对面享用一般。

Business Develop

海底捞的创新举动适应了消费者和市场需求，吸引了消费者的注意。审时度势、先知先变是海底捞在变幻莫测的市场竞争中获胜的关键所在。正如《孙子兵法》中所说:“故战胜不复,而应形于无穷。”战胜对手的方式不能重复使用，只有不断变化，企业才能在创新的路上走得更久远。

尽管企业环境在不断变迁，创新的类型也千差万别，但是似乎每一轮热情高涨的创新浪潮总会遭遇相同的困境。企业管理者必须认清一些创新误区，从而建设高效的创新平台。

首先要认识到，真正的大创意不会在最开始就是宏大的想法。需要用许多疯狂、古怪的小想法来找一些值得实验的最初的主张，而这些主张可以让你找到一些真正值得去执行的事情，最终可能有一个或者两个获得成功。

IBM 信奉这样的原则：每位员工都有可能成为创意搜寻者和项目发起人。该公司举办的 InnovationJam 网上论坛上，来自 104 个国家约 14 万名员工客户贡献了差不多 37000 个创意，为公司建立了一个容量巨大的原始创意库，创意有大有小，但以小创意居多。创新成功率较高的公司从来不会认为这些小创意是没有用的，这也是它们成功的秘诀之一。

如果你认为只有技术上的突破才算创新的话，那么你的思想就太狭隘了。商业模式上每一个方面都有创新的潜能。

2013 年，将威海的胶东海鲜和鲁菜做到全国的餐饮行业新标兵的净雅公司就经历了这样一场商业模式上的创新，这个创新让净雅实现了从默默无闻到名声大噪的华丽转身。

首先是企业管理模式上的创新，掌门人张永舵曾经与 IBM 公司合作，摸索出一套独特的“净雅管理”方式。这对于餐饮业来说，绝对是第一个吃螃蟹的做法。

1. 在管理上的创新实现了管理与数据一体化，将公司文化、品牌建设到店内的各项服务和质量全部都记录到专门的 ERP 系统中。净雅最先将这种数据、管理和业务相结合的方式带入了餐饮行业。

2. 在培养人才上，首创分层次培养人才。餐饮行业需要层级不同的人才，净雅为未来的发展储备了一批高层次人才，也就是从社会中招聘的有餐饮管理经验的人才和从学校招到的研究生以上学历的人才。净雅的目标是将这些高层次人才朝着经理级别以上培养，为期一年。针对这个目标，IBM 设置了一套课程，在不同阶段进行相应的专业技能和理论知识的培养，以达到净雅的要求。

除了管理上的创新，净雅也注重经营模式上的创新。比如，在服务不打折的基础上，根据消费者的情况控制菜品的数量，推出半份、小份菜，就餐中间还提供分餐以及退换菜；推出了简约套餐，即将不同档次的食物按照不同的量搭配在一起；收购火锅品牌，做高档精品和大众海鲜锅；在地铁站附近推出专门的地铁餐饮项目；将被看作餐饮业绝密的菜谱做成杂志，等等。

从净雅创新的例子可以看出，公司必须根据自身具体情况确定战略战术，建设创新平台，使之能反映所在市场的特点。将历史分析的结果与创新的基本准则相结合，使公司从消费者、竞争对手、营销渠道、监管方等多个角度考察任何创新机会。

知识
是创新的源泉

内部的培训机构，我希望这个东西能够解决我们一些标准化的东西。因为有些政策的解读，有些制度的解读，每个人都有稀奇古怪的想法。希望通过这种培训，通过这种讲解，更大范围地统一他们的认识。

——张勇谈创办“海底捞大学”的原因

延伸阅读

在不少顾客心中，不管海底捞的服务有多优秀，员工有多努力，他们依然觉得服务员这个职业只是体力劳动，根本不需要拥有专业技能。这种说法虽然有些武断，但也的确是实情，海底捞的员工绝大多数只受过初中以下的学历教育。哪怕是海底捞的管理层，也有很多人是低学历。随着海底捞的逐渐发展，张勇意识到这样下去不是办法。管理层虽然基层经验丰富，业务熟练，但在管理学方面一窍不通，全靠经验摸索，根本没有系统学习过。

张勇决定先从管理层入手，首先是由公司出资，大区经理以上的高层全部参加EMBA课程学习，小区经理以上的中层参加MBA课程学习，张勇自己带头参加了长江商学院的EMBA课程。学习之后，张勇更加觉得海底捞员工整体文化水平不高是个严重的问题，因为随着海底捞的发展，必然会面临转型的问题，劳动力密集型的海底捞只是个庞然大物，但没有一点创新活力，只有学习型的海底捞才能一直保持领先地位。

为了解决海底捞员工的学习问题，张勇想出了各种各样的招数，如鼓励创新，并且予以物质奖励和内部表扬，但都因为覆盖面较低，效果不佳。为了彻底解决这个问题，张勇做出了惊人的举动创办一所专属海底捞员工的培训学校。

2010 年 6 月，海底捞创办了自己的培训机构，张勇霸气地把这所学校称为“海底捞大学”。这让海底捞员工欢欣不已，很多海底捞员工当初都是迫于经济压力没能完成学业，“海底捞大学”无疑给了他们再学习的机会，兴奋的海底捞员工称这所学校为“海大”。

如今的“海大”已经逐渐走上正轨，每个海底捞的员工都有机会定期参加培训，张勇也从各种渠道请来教授、学者、博士等高学历人才，给求知若渴的海底捞员工上课。正所谓“授之以鱼，不如授之以渔”，通过“海底捞大学”的学习，海底捞员工知道了学习的方法和方向，同时加上专家们高屋建瓴式的意见指导，更是事倍功半。都说海底捞员工凭着双手改变命运，如果再加上一颗学习的大脑，岂不是如虎添翼？

Business Develop

“海底捞大学”让海底捞员工感到兴奋，因为在公司，员工不再只是一味地向外输出自己的知识和能力，也能够输入更多系统的技能，这是一个收获和成长的过程。如今在找工作时，越来越多的人把公司是否有培训、培训的质量作为重要的参考标准。公司内部或外部的培训可以使员工的知识和技能更加系统，这就如同人的骨架是支撑一个人发展的重要元素。

腾讯也在自己公司开办了专门的培训机构，叫作“腾讯大学”。腾讯学院副院长马永武说，员工培训有两个重要方法 ：

1. 创建完整的培训体系

这个体系应该更系统，适合各种层次员工的培养，也就是工作中的每个环节、每个岗位和工种都有机会接受培训。

为了让员工的知识和技能系统起来，“腾讯大学”开设面授课程300多种，网上课程1300多种，其中兼职讲师就达600多名。

2. 建立核心项目

腾讯针对新员工的培训叫作“腾讯达人”。培训的方式是，员工入职的第一周，要以小组的形式走到老员工中间，听他们讲自己在腾讯的工作和生活。这就是腾讯企业文化传播的过程，通过老员工的讲述，新员工能更直观地了解腾讯。

“腾讯大学”的培训师从来不会担心老员工传播的是负面的信息，因为公司倡导的文化就是开放和多元的，允许不同的声音和观点。当然，当负面的信息多了，就说明公司确实出现了问题，要及时发现和改正。

一般公司的培训通常是通过上课的方式进行的，但“腾讯大学”对此进行了一些创新。互联网行业随时都在更新，培训也需要更新更前沿的信息。所以，在员工工作期间，“腾讯大学”会不定时地请不同行业的精英来讲述最新的资讯，这个项目叫作“名家之声”。当然，这些培训都不能占用员工休息的时间。

现在，“腾讯大学”的很多培训内容都作为共享资源放在了网络上，包括电商学院、开放平台学院和互联网学院3个部分，有线下培训、网络直播和视频点播3种学习方式。内容包括腾讯官方团队提炼总结的15年的互联网行业经验，资深行业风云人物的指点，以及模范标杆企业的实战方法分享。

“腾讯大学”给培训做了一个新的定位，即成为员工成长的顾问，成为公司业绩提高的伙伴，以及腾讯发展革新的帮手。这也应该成为所有企业在做员工培训时的理念和标准。

唯有细节才能动人

我觉得一家企业，一个董事长，就交代买一个篮球都买不回来，那么我们的顾客需要东西的时候，我们员工需要东西的时候，买得回来吗？

——张勇谈细节

延伸阅读

张勇是一个细致得甚至有些严苛的人。有一次，张勇同海底捞的员工一起打篮球，无意之中发现有一只篮球破损了。于是，他交代门卫："你和采购员说一声，让他买只新的。"但是，10天过去了，张勇发现那个破篮球还是没有换掉。于是，他特意催了下门卫。

一周后，当看到放在原地的破篮球，张勇发怒了："现在只是要一个篮球，怎么过了这么久都买不回来？"事实上，在这件事情上，采购员并没有什么过错。因为采购东西需要凭借采购单来办理，而张勇只是通过门卫口头来传话，采购员觉得不合程序，并未执行。

但是，张勇把这件小事看得十分严重。在他看来，采购员得到信息的时候应该第一时间申请采购单或者向主管请示。而采购员竟然对此事置之不理，这显然是缺乏工作热情的表现。如果员工以同样的态度对待顾客，那对海底捞将会造成极大的伤害。

但正是张勇“小题大做”的风格造就了一个细致入微的海底捞。对于服务行业而言，细节往往最能打动人。

在北京，所有服务业的发票都是机打的，开票和出票需要一定的时间。大多数餐厅会在收银台办理收费和发票服务，一旦客流较多，难免增加顾客的等待时间。而海底捞将收银和开发票分开进行，因为并不是每一个在海底捞消费的顾客都需要办理发票，如果将收银和开发票分开，当有多个客户需要结账时，能够大大减少那些无须发票的顾客的等待时间。

海底捞的菜单也是别具一格。菜单采用彩色印制，左上角注明了桌号、包间、服务员等常见的项目，除此之外，细心周到的海底捞在菜单中增设了泊车号、顾客姓氏以及特别需求等信息。更值得一提的是，为了更好更快地处理火锅店中常见的加退菜问题，海底捞特别在菜单背后设计了一个“加退菜表格”。

而海底捞等待区中桌椅的摆设也不同于一般餐厅。七八十套成套的桌椅有序地摆放在厅中，每张餐桌都配有 3 张软面的凳子。顾客可以在等待区尽情享用免费可口的饮料。

Business Develop

许多企业想树立品牌形象，却很少像海底捞一样真正关注关键的细节。其实，对企业来说，只有做足每一个细微之处，才能在市场竞争中取得成功。所谓细节决定成败。一心渴望伟大、追求伟大，伟大却无了踪影；甘于平淡，认真做好每个细节，伟大往往会不期而至。

美国诺顿百货公司可谓是百货业中注重细节服务的典范。诺顿的员工都是零售超人，他们会不时找机会协助顾客。他们会替要参加重要会议的顾客熨平衬衫，会为试衣间忙着试穿各式各样衣服的顾客安排餐点，会替顾客到别家商店购买他们找不到的商品，然后打七折卖给顾客，会拿着各种可供选择的衣服和皮鞋出现在懒得出门，或不能抽身到店里购买的顾客面前，会在天寒地冻的天气里替顾客暖车，会替准备赴宴会的顾客紧急送去衣服，甚至会替把车子停在店外的顾客付罚款单。

其实，诺顿的成功没有独特的诀窍，只是提供了很多竞争对手没有关注到的服务内容。它很亲切，能让顾客每时每刻感受到它的关怀；它也很自然，并不妨碍顾客的活动，却在需要时及时有效地帮助顾客。细致服务是企业与众不同的基础，也是企业获取竞争优势的基本条件。

因而，对于企业来说，树立以细致服务为导向的观念是非常重要的。意识到这一点后，管理者才能采用新的营销方式和服务方式去打动顾客。那么，如何打造细致入微的服务质量呢？管理者可以从以下 3 个途径着手：

1. 倾听、理解消费者

要想有效地倾听、理解消费者必须做到：

坦诚相对以征求消费者意见。

进行正规调查，企业通常请可以做出客观评价的第三方——调查公司来进行该项工作，以免被自己的主观感受所误导。

深入到消费者群体之中，通过派本企业员工去竞争对手那里观察他们服务顾客的方法，或者通过技术人员直接与消费者接触等多种能够直接了解消费者建议的方式来发现提高服务质量的途径。

设立消费者热线，该热线可以回答消费者的提问，接订单，解决投诉，派遣维修人员，提供最新资讯。

分析消费者建议及投诉，完善并继续沿用消费者反应良好的服务方式。

定期召开消费者座谈会，征求他们的意见以改进服务。可以邀请消费者参观企业，由产品的设计制造人员介绍产品工艺流程，同时听取消费者的意见。

2. 制定有效的服务策略

有效的服务策略具备以下 4 个特点：对企业意图的精确概括；明显区别于

其他企业；在消费者眼里是有价值的；切实可行。

制定有效的服务策略需要将企业自身价值与消费者对企业产品和服务的期望有效地结合起来，还要结合对企业优劣势的分析，对在市场中所面临的威胁与机会进行分析。这样制定出的策略才能被企业员工和消费者所认同。

3. 订立服务标准

服务标准的订立需要注意以下 3 个方面的问题：

要解决好企业以专业技术角度而订立的由内而外的标准与充分考虑到消费者需要与期望之后而订立的由外而内的标准的冲突。

无论是企业还是消费者都是不允许在标准中规定错误率的。

高质量的服务意味着完全迎合消费者的口味，而不是去执行企业与消费者讨价还价之后的折中结果。

没什么不能创新，包括烦人的调查

如果等结果出来才知道哪个店不好，然后找原因，这样的话，我不如在过程中发现问题，就可以避免不好结果的发生。

海底捞对干部巡店有流程的规定，但是不管用。不是他们达不到流程的规定，而是总超出流程的要求。海底捞的干部如果不开会，整天都在店里。因为我们的干部都是服务员出身，像我一样不习惯用数字和报告管理企业，更习惯于现场办公。

——张勇谈巡店

延伸阅读

海底捞的火爆程度，张勇原本并没有太直观的感受，还是一次在西安巡店时，他才真切地感受到自己的店究竟有多受欢迎，当时还差点闹笑话。

这天，张勇来到西安，要到分店巡视。这家店设在市区的一条大马路边上。老远的，他看到这条路上挤满了人，连路边上都坐满了人。张勇想都没想，看这阵势肯定是有人在打架了，他沿着这群“看热闹”的人的目光，一边大声喊着“打架了”一边一路小跑到前面去看。他太投入了，竟没发现自己引得周围人的一片侧目。跑到最前边，张勇才发现这些人是来海底捞吃火锅的，队伍竟然占满了整条马路。

巡店的习惯张勇一直保持到现在。在海底捞创办初期，店面还不多，张勇巡店很勤，他也喜欢巡店。因为火锅店的生意怎么样，不是几张报表就能够说清楚的，经营中出现的问题也不是销售数字能反映的。不过现在张勇巡店的次数已经远远不及大区、小区经理。

海底捞的考核指标不是管理人员在办公室里评估的，而是通过走动式的巡店来考察。

负责人在巡店时会对各个店进行评级，最高级是一级。被评为一级店后，该店店长就有权力培养新的店长，也有机会竞选小区经理。而小区经理要想继续升为大区经理，就要保证五分之四的直接下属在规定时间内有进步，比如手下的 5 个二级店有 4 个升至一级店。

巡店时一个重要的考核标准就是顾客满意率。很多餐馆的顾客满意率是通过客人填写调查表得出的，这在海底捞绝对不会出现。

在张勇看来，一方面顾客可能不喜欢这种调查，另一方面，客人可能会碍于情面填写虚假信息，这样不但没得到真实的信息，还可能降低顾客的满意度。

所以，张勇直接将自己创业时巡店的方法教给了手下。小区经理先去巡店，与各门店店长沟通客人满意度方面的问题，做得好与不好的各方面都要了解。在经过小区经理的认可之后，小区经理的上级以及其他小区都会有人到店来巡视和检查。最后，海底捞总部技术工作的负责人也会来店里，他们主要是负责指导工作。

海底捞对管理层巡店的次数和流程都有规定，但是他们一般都超额完成，因为巡店能够掌握手下工作的第一手资料，新的发现或者问题。晚上 8 点，吃饭的高峰期，小区经理会到各个店看看员工的服务、效率等工作情况，10 点之后，用餐的客人渐渐散去，店长们开始整理一天的工作。小区经理要经常和店里的员工深入交谈，也可能会跟着他们一起开会，了解一天的情况。

巡店结束，经理们就回到办公司，查收一天的邮件等，完成张勇布置的工作日志，及时对当天的问题作出总结和应对，也为新一天的工作做好计划。一个巡店流程下来差不多要半夜了，不过，他们已经适应了这种节奏。

Business Develop

张勇为何提倡走出办公室去办公，走到现场去办公？最重要的原因是坐在办公室里想出来的办法和制度容易陷入“纸上谈兵”，真正的问题只有到现场去看才能发现，而坐在办公室里的管理者也容易变得官僚主义。

一般人看到官僚主义都只会想到政界，其实它也存在于企业界，其摧毁作用不比政界弱。官僚主义意味着浪费、延缓决策制定、不必要的审批，以及其他所有扼杀公司竞争精神的东西。一位年轻的大学生曾经问韦尔奇：假如一个大公司碰到官僚主义,你会怎么做？韦尔奇直接回答——“拿一枚手雷炸掉它”。他觉得每个人的职责是，至少尝试着使企业摆脱铺张浪费的官僚主义。但是说得轻松，做起来又谈何容易？甚至那些在消除这一“癌变”上做得好的公司，也不可能一劳永逸地割除它，因为它每隔几年都能找到办法死灰复燃。所以一些管理者在对待如何消除企业官僚主义这一点上也是非常决绝的。例如麦当劳创始人雷·克罗克就是一个这么干脆的人。

麦当劳公司曾有一段时间面临着严重的亏损危机，经过调查之后，他发现起因是因为各职能部门的经理有着很严重的官僚主义作风，习惯躺在舒适的椅背上指手画脚，把许多宝贵的时间耗费在抽烟和闲聊上。这让他十分愤怒，立即命令将所有经理的椅子靠背锯掉。刚开始的时候，很多人私下里骂他是个疯子，但是当他们纷纷走出办公室，深入基层，开展“走动管理”的时候，发现管理当中的确存在着许多的问题。通过及时了解，现场解决问题，公司终于实现了扭亏为盈的目标。

现代大企业中的通病就是官僚主义。总裁办公室附近的员工，工作几年甚至都没能和总裁说上话，这样的体制怎么会不犯错误？怎么能获得建设性的意见？

管理者决不仅仅是坐在办公室发布命令的人，走动管理体现了上级对下级或对客户的一种关怀。通过面对面的接触，管理者常常可以更好地对下级进行指导，同下级直接交换意见。特别是能够听取下级的建议，了解下级遇到的各种问题，从而能更有效、更及时地采取相应的措施。随着社会的发展，走动管理风格已日益显示出其无与伦比的优越性。

警告：
考核创新就没法创新了

后来公司大了，当我们试图把创新用制度进行考核时，真正的创新反而少了。因为创新不是想创就能创出来的，考核创新本身就是假设员工没有创新的能力和欲望，这是不信任的表现。

授权之后，也有人贪污，但是我一直不想改变这个制度，因为大多数人都是值得信赖的，我的员工在获得信任和平台之后，他们成长很快。

——张勇谈创新

延伸阅读

每个企业管理者都想让自己的企业充满活力，富有创造性，可多数企业家在实际操作中，却死死攥住权力，生怕员工因为经验、知识等储备不足，发生错误。也许在这些企业管理者眼中，创新只是结果，根本不明白创新其实是个不断犯错再学习的过程。

海底捞在创新过程中，花样众多的创新服务让顾客感到贴心、新奇，印象深刻。众所周知，海底捞的创新服务并不是张勇，更不是管理层想出来的，绝大多数都是基层员工的想法。为什么海底捞的员工就这么富有创造力？难道海底捞的员工与众不同？其实员工都是一样的员工，海底捞员工的受教育程度甚至比普通企业员工更低，关键在于管理方式的不同。在大多数企业中，基层员工很难参与到企业创新中去，那是所谓的科研人员的“特权”，而张勇却选择了相反的做法，他不仅小事让员工参与，甚至大事都放手下去，对员工完全信任，而且即便创新失败了，他仍然鼓励员工，从不一味指责。

就拿可乐机来说，这也是海底捞基层员工的提议。当时海底捞的员工一直都羡慕麦当劳、肯德基等快餐大佬的可乐机，觉得既方便又可以多赚一份钱。管理层听说之后，觉得挺好，便引进了可乐机设备，尽管一套可乐机设备超过百万元。结果，可乐机设备根本无用武之地，首先是难以记账，顾客排队购买太麻烦，若自取，就会存在记账困难等问题；其次是需要的机器成本太高，是一桌一台还是一店一台。最终，这个创意被撤了下来。

面对这个失败的创意，是苛责提出创意的员工还是拍板引进的管理层？毕竟上百万元不是小数目。可是，海底捞的做法是没有追究任何人的责任，损失完全由公司承担，而且张勇还一如既往地鼓励员工创新，继续信任基层员工的创新能力。或许，张勇这种对于员工百分之百的宽容，才是海底捞创新能够层出不穷的原因。

Business Develop

苹果教父斯蒂夫·乔布斯说得好：“创新的过程中，有时总会犯错。如果不犯一些错误，你改变不了世界。”张勇肯定也明白这个道理，所以他才能如此信任他的下属、他的员工，彻底激发海底捞员工的创造性。与多数老成持重的中国企业不同，美国公司就是以鼓励创新、包容犯错而著称。

德鲁克说：“越优秀的人越容易犯错误，因为他经常尝试新的事物。”德鲁克认为，不犯错的人必然不是最优秀的人，犯错是优秀人才成长中的必然现象。管理者应该容忍失败，失败往往是创新的开始。企业的成功不是从天上掉下来，而是从失败中来，从创新中来的。

时代华纳公司的已故总裁史蒂夫·罗斯曾说过："在这个公司，你不犯错误就会被解雇。"硅谷流传的名言是"失败是可以的"，"允许失败，但不允许不创新"，"要奖赏敢于冒风险的人，而不是惩罚那些因冒风险而失败的人。"这些鼓励创新、允许失败的言论已经成为一种理所当然的创新理念。

美国商业机器公司的一位高级职员，由于工作的严重失误，造成公司高达1000万美元的巨额损失。这位高级职员为此寝食不安，异常紧张。许多人建议董事长给他撤职开除的处分。

董事长将这位高级职员找到办公室来，通知他调任同等重要的新职。这位高级职员感到万分意外，问："为什么不将我开除，至少降职？"董事长答："要是那样做，岂不是在你身上白花了1000万美元的学费？"

后来，这位高级职员在工作中兢兢业业，以惊人的毅力和智慧，为公司做出了卓越的贡献。有一次董事长提起这件事时说："一时的失败是企业家精神的一种'副产品'，如果给予信任，他的进取心和才智可以大大地被激发出来，完全可以超过未受过挫折的人。"

对于优秀的人才来说，挑战和创新才是工作的常态，没有人喜欢在一个不允许失误的环境中工作。而员工能力的发挥和潜力的挖掘需要一个宽容的工作环境。只要管理者能够鼓励员工冒险，并允许失败，员工一定会用出奇的创新来回报企业。而企业的成功就是在创新成果不断叠加的基础上获得的。

3M是一个经营着6.7万多种产品的百年老字号，每年开发的新产品多达200多种，几乎每隔一至两天就有一项新产品问世。其产品推陈出新的能力令人称奇，它总能以领先于他人的速度不断开拓新的技术领域。巨大的产品更新能力为3M保持优良的成长能力打下了坚实的基础。

3M公司的管理者知道在成千上万个构思中最后成功的只是凤毛麟角。公司里对此有一个很形象的比喻"亲吻青蛙"——为了发现王子，你必须与无数只青蛙接吻。"亲吻青蛙"意味着经常会失败，但3M公司把失败和走进死胡同都作为创新工作的一部分。他们奉行的哲学是如果你不想犯错误，那么什么也别干。

“只有容忍错误，才能进行革新。过于苛求，只会扼杀人们的创造性。”这些是3M公司的座右铭。成功者受到奖励、重奖，失败者也不受罚。3M公司董事长威廉·麦克唐纳说：“企业主管是创新闯将的后台。”3M公司努力创造轻松自由的研究开发环境。如果你的创造性构思失败了，那也没关系，你不会因此而遭到冷嘲热讽，照常可以从事原来的工作，公司依然会支持你的新构思的试验。

任何人的经历都不会一帆风顺，常胜将军是不多见的。人在孩提时学走路摔跤、游泳员学游泳时呛几口水，都是常事。创新过程中，由于种种意想不到的原因，新点子也许会夭折。这种时候，管理者应帮助他认真总结经验教训，为今后的创新工作开展打下良好的基础。

创新受挫者受挫的原因是多方面的，主观的、客观的，有时还有管理者决策指挥失误的原因。如果下属一出现失误管理者就对其一味地指责、埋怨、批评、训斥，不给丝毫的温暖和善意的帮助，就会冷了下属的心，甚至会激化演变为敌对情绪和叛逆心理。

第六章
优秀的服务从来不只有服务而已

不懂才艺的厨子不是好侍者。

服务
不只是端盘子倒水

我们会做培训，有一些培训项目大家听了可能觉得匪夷所思。比如我们会培训员工如何使用自动取款机，得了感冒之类的小病，怎样去看病买药。

这些培训都是很必要的，海底捞的员工大部分来自农村，来到高楼林立的大城市，他们对这里很陌生，不熟悉，很多人会发蒙。城里的人病了，知道去药房买药，而且他们有基本的医药常识。但是海底捞的很多员工就不行，在北京、上海这种大城市，得了病都不知道去哪里看，这里几乎没有小诊所，去一趟大医院很麻烦，而且看个感冒都要花几百元。

我们经过培训，我们是“正规军”，不是临时拉起来的“雇佣军”，更不是“游兵散勇”。

——张勇谈正规培训

延伸阅读

初到一个新的工作环境，人都或多或少有些孤独，希望能够快速地融入环境，被周围的人接纳。因此，有新人加入，海底捞会组织新员工在一起相互认识，尽快熟悉起来。为了让他们不感到陌生，实习的时候，公司会将同一时间进入的新人安排在一起，从吃饭到开会都是如此。这样，新员工就会很快从孤独中走出来，尽快适应海底捞的生活和工作节奏。

对新人来说，海底捞的工作强度并不小，为了让他们循序渐进地进入角色，培训负责人会亲自给每个人下通知——新人可以比其他人早走一到两个小时。下班后新人单独吃饭，负责人会给每个人准备好桌椅板凳和饭菜。

在新人适应环境的同时，规范和制度的学习也开始了。一个新手在工作上和一个老手最大的差距就是熟练和专业，熟练是需要长年累月的积累的，而专业可以有意训练。所谓专业，也就是对员工进行专业的训练，让他们感觉到自己是正规军，进而用专业的态度对待工作。

海底捞的新员工每天要上 6 个小时的课程，学习内容是工作期间的行为规范，比如女服务员上班前要化好淡妆，所有人上班时间不能携带手机和接打电话，有顾客在场的地方不能有打喷嚏、伸懒腰等不雅动作，等等。

作为服务行业，服务专业标准的培训就不用说了。另外，还有对于员工生活的培训，比如怎么看地图，怎么在 ATM 上取款，等等。

正规军的培训并不止步于新入职阶段，即便是管理层，张勇也要将他们打造得更为“正规”。北京小区经理谢英就经历了这样一番被打造的过程。2002 年，她还在西安做大堂经理的时候，接到张勇的通知说要学习打字，每分钟 30 字以上，之后又增加到 40 字以上，另外还要求将每天的工作写成日志。这可难坏了谢英，她不但对电脑一窍不通，每天也忙得要命。

但有的时候就是这样，事情越多，时间越紧，工作效率却越高。谢英每天回到家就趴到电脑前练习，结果不但达标，还超额完成——每分钟能打 60 个字。

谢英的下一个目标是成为小区经理，但是张勇又定了一条规定，当小区经理的条件之一是要有驾照。那时候，北京对谢英来说就像个迷宫，坐车都找不到路，更不用说开车了。不过，像以前那些看似不可能完成的任务一样，这次谢英又达到了张勇的要求，当开着车在北京各个海底捞分店巡店的时候，谢英知道自己越来越接近一个正规而又合格的管理者了。

Business Develop

有人把培训看作一个洗脑的过程，其实每个行业、每个公司都有自己的行为标准和制度规范，越快融入其中的人越能最快地发挥自己的价值。海底捞的员工在成为店里的一分子之前，基本都是从农村出来的农民，没有什么规矩和制度的概念。对于这样的员工，培训他们把自己当成“正规军”就显得更加重要。

要使员工们愿意学习，管理者首先应向他们表明，培训将使他们在掌握更多技术和提高收入方面、在晋升机会或工作保障方面，得到应有的报偿；告诉他们为什么要以这种方式做某件事。

多数员工在学习中会遇到某种困难，有些人对问题理解得快，有些人则要花费很多的时间和精力。员工们学得快时要给予表扬，当他们遇到困难时要给予鼓励，反复向他们讲解应如何去做。告诉他们，别人在学习这一部分工作时也遇到了困难，但不久之后都能凭借自己的努力找到窍门。

如果工作很复杂，管理者不妨带领员工做一遍，你做复杂的部分，让他们做容易的部分，然后让员工去从事不那么容易的工作，逐渐提高难度。记住告诉他们去做什么，怎样做，以及为什么要这样做，多多给予表扬和鼓励。

有效培训的秘诀在于激励，只知道做什么和如何做的员工只了解事情的一部分，如果他们知道为什么要按规定的方式去做，他们就能更好地被激励起来。

第一，管理者在培训时勿求十全十美。有时，偶尔犯下一个小错误反而能显现出人性，让员工们乐于接近。所以，不妨让员工们认为：“管理者也是会犯错误的。”同时，应将教学方法降低到员工们所能接受的程度，或者略微提高员工们所能接受的程度，使之产生“看样子，我也能办得到”的想法，因而其学习新知识、新技能的兴趣会大为提高。

有人说：“过于精明能干的上司，不易培养出好的下属。”因为，经常让下属看到上司高水准的一面，易使下属产生退缩心理，颓废丧志，并降低其学习的兴趣。管理者在刚开始培训时，对下属不要有过高的要求或期望，并尽量表现出身为上司的你也可能失败。换句话说，应先以次等的目标来要求下属，然后才能使之循序渐进。

第二，管理者要率先垂范。成功的管理者，似乎总能保持自己的优势地位，总能牵动无数双眼睛，这不光因为他们是公司的管理者，更重要的是他们都对自身的形象有着良好的塑造能力。有人将管理人员比喻成公司的移动招牌，因为无论他们走到哪里，代表的始终是一个企业，代表着企业成员的精神面貌。没有人愿意被无辜地伤害，当你的举止言行殃及你所代表的企业成员时，他们必然会将你列为“诅咒”的对象，或是对你“惧而远之”。

以身作则不是整天在下属面前唱唱口号就可以了，真才实学永远比口号更重要，且更能让你的下属对你钦佩有加。管理者应该永远记住这句话：管理者是被学习的榜样，不是被赞扬的对象。给别人树立学习的榜样远不是一件容易的事情，那意味着必须时时刻刻不断加强在孩提时代养成的优秀个人品质。

在培训过程中，管理者要注意避免一些常见的错误认识。不要把培训当作装满窍门和秘诀的锦囊妙袋；不要强调提高绩效或生产率；不要让最高决策层负责培训，因为这会使受训员工缄口不语，会使员工们感到紧张，延长培训时间。

同时，不要过快地灌输内容，使他们不能吸收。放慢速度，与员工接受和理解问题的能力保持一致。并非人人都能学得像你一样快，因此，你必须给初学者消化吸收的时间。另外，一个图示或一次示范抵得上千言万语。你是否曾打算告诉某人如何系活结领带？先尝试以文字说明，再向这个人直接示范如何系。哪一个更好？更容易？更快？在培训员工时也是如此。当你向他们解释如何做和为什么的同时，要向他们示范。

破坏一个人的信心动力以及延缓学习过程，最好的办法之一就是去做一名没有耐心的指导人员。因此，管理者在培训员工时，一定要有耐心，解释、解释、再解释，直到每个人都理解。不要使员工紧张，紧张会造成慌乱，妨碍他清醒地思考，实际上是终止了学习进程。记住，新员工并不需要你施加压力就已经相当紧张了，人力资源部门告诉他们的那些东西已足够让他们的头脑混乱不堪，他们需要的是放松和头脑清醒，只有这样才能吸收工作内容。因此，作为管理者，你应该使他们放松下来。

追求品质：
高大上的服务都是有料的

男孩子变声期，我变不过来，这事很重要，可以说奠定了我思想的基础。你嗓子说不出来，别人就会笑你。一笑你就会自卑、紧张，根本不敢去跟女孩子交往，到现在我还不会跳舞，那个时候流行歌曲已经进来了，我也没办法学。

后来我找到一个好地方，县图书馆。80年代以前我们的思想是禁锢的，图书馆里只有一些高、大、全的东西。而从1983年到1984年，现在常见的一些书，比如泰戈尔的作品，和那些史学类、诗歌类的书籍大量涌进各个县城的图书馆，我们甚至经常讨论民族性、人性问题等。那个时候懵懵懂懂的，一看到那些书，脑袋里面一下子接受了那种平等的价值观。

什么教育给你什么思维，如果你接受的教育是传统的那种，你对打工者的看法就是传统的，这个跟管理没有关系。为什么我就能做到员工有什么事情，我都很真诚地去管，跟思想、跟价值观有关系，也就是跟十四五岁时的那一段经历有关系。

——张勇谈学习经历

延伸阅读

在张勇的记忆中，从小到大，他只动过一次拳头，就连这仅有的一次打架经历也只是去充人数。即便如此，这毫不妨碍他成为孩子王。在那个温饱问题都尚未解决的年代，能让张勇出类拔萃、引以为豪的，除了拳头，就是知识了。张勇曾对媒体坦言：“不知道为什么，别人总是听我的。”

张勇成长于四川简阳的一个普通五口之家里，妈妈是一名小学教员。或许由于这个原因，家里常年订阅《少年报》和一些儿童读物，张勇爱看报的习惯就是那时候养成的，一直到今天也没有变过。除了看书看报，张勇还特别喜欢听收音机。当别的小伙伴在外面玩耍的时候，张勇会一个人躲在屋子里听广播。

十四五岁的时候，张勇遭遇了从小到大最大的尴尬——青春期变声。那个时候，张勇说话的声音不男不女，这使得他遭到同伴的嘲笑。从小就是孩子王的张勇对此十分苦恼，但是阅读帮他找到了出口。于是从那时起，他很少说话，常常一个人躲在简阳县城的图书馆里看书。和所有青春期的孩子一样，他喜欢武侠和言情小说，便一口气把它们读了个遍。嗓子还没变好，他便继续躲在图书馆里读书，柏拉图、亚里士多德、苏格拉底、尼采，所有的西方哲学著作都成了这个少年最好的陪伴，而《第三帝国兴亡》甚至被他翻阅了 3 遍。

和张勇同住一个大杂院的有一个经营旅店的经理。当其他孩子忙着玩游戏的时候，张勇却和比他年长 20 多岁的旅店经理谈天说地，探讨时事。这位见多识广的经理也把张勇当成自己的忘年之交，每次坐在院子里喝酒的时候，就会找张勇陪他坐坐聊聊天。曾经有一次，经理甚至提出要在下次出差的时候带着张勇去看看外面的世界。

显然，书籍、广播，同长辈的交谈让张勇拥有了超乎同龄人的眼界和思维。青春期正是塑造人生观、价值观和世界观的关键时期，张勇的意识、思维和心态正是在那个时候得以成型，并在海底捞的管理中发挥得淋漓尽致。张勇的知识与见识成就了海底捞的真诚服务和人本管理。

Business Develop

张勇所拥有的知识对他的思维方式与行为模式有着巨大的影响。知识反映的是一个人对周围社会和事物的观察和思考，意味着一个人对事物认识的维度，即深度、高度和广度。对于个体的成长而言，知识具有至关重要的意义。同样的，知识管理对于一个企业的发展也具有不可忽视的作用。

事实上，如今知识管理掀起了一股潮流，越来越多的系统厂商说他们卖知识管理系统，越来越多的产品和服务提供商挂上“知识管理”（KM）的噱头来唬人，而这些企业有许多自己还搞不清楚什么是知识管理。

尽管许多企业买了最昂贵的知识管理软件、知识管理系统，但只肥了那些卖软件的和买软件的公司和个人，90%以上的知识管理实施举步维艰，不到3年甚至一年的时间就不了了之。也有一些双方联手，自吹自擂、自娱自乐，成功案例与最佳实践齐飞，大部分员工和管理者作壁上观，对所谓的知识管理嗤之以鼻。

太多的公司将知识管理本身作为最终目标，这其实是本末倒置。推动知识管理的目的不在于催生知识管理，而是在于解决公司迫在眉睫的问题，将知识管理用于它最能发挥作用的地方。很多时候。知识管理无法在公司发挥有效作用的首要原因，是其使用者没有将知识管理与现实中的经营问题密切结合起来。

成功的案例都是先有经营问题，然后知识管理帮助解决这些问题。例如，安永公司为了帮助公司顾问更快地提出企划书，开发了PowerPack文件汇整系统，它能根据特定行业筛选信息。福特汽车公司的所谓“最佳实践复制系统”是为了帮助工厂管理人员完成年生产能力提高5%的公司目标。

知识管理自有其价值，做知识管理不能成为一种运动，需要的是踏踏实实、尽心竭力地提升组织管理水平，否则买什么样的知识管理系统都不能真正提升企业的管理水平，知识管理价值再大也无法发挥。有钱的企业可以买来功能最复杂、最炫的知识管理系统（KMS），但如果企业没有在知识管理的基础工作上的投入，KM 不可能实现。有的东西可以买来，譬如雄伟的大楼、IBM 的知识管理系统，但这些都带不来知识管理的实施成功。下面是通向知识管理之路的 4 处障碍：

1. 计划不周，资源不足

麦克德莫特顾问公司的总裁理查德·麦克德莫特合作参与了多项美国生产力和质量理事会的研究项目，他指出，许多公司将注意力集中在知识管理的试水项目上，而遗漏了后期的成果推广。试水项目因其新颖而获得大量的重视和支持。高层管理人员看过试水项目后觉得很棒，准备带头督导。然而，时移世易，高层人员更迭，加上市场变化，公司的注意力转移到其他地方，资源很快地消耗殆尽。

在知识管理系统中，很重要的一个功能是保存显性的知识文档、视频、音频，基本上大部分的 KMS 都可以解决这个问题。但前提是，企业要明白哪些是核心的知识文档，计划生育的知识算不算？谁来产生这些文档，人家为什么要产生？产生出来谁会看，他为什么看？看的时候能不能找到，找到了能不能看懂？

这些内容卖系统的不会告诉你，他也解决不了这些问题，那靠谁？许多做知识管理的人会以“我们的系统存了多少东西”为荣，那你存的东西有没有人用？谁会用？在什么场景下用？他想不想用？想用的时候能不能快捷地找到？

2. 很难进行绩效评估

许多公司的知识管理系统会有博客、微博、wiki、BBS 等功能，社会化的知识管理工具是一种很好的选择，但它对于运营的需求就更高：有没有人用？为什么用？能不能持续地用？这些功能在企业内部与互联网的使用有何种差别？

但难度大并不意味着不可能实行。乔治·华盛顿大学教授南希·M·狄克逊指出："需要对两个问题（结果和过程）分别进行测评。"对结果的评估取决于通过更好的知识管理所期望达到的目标，如提高劳动生产率、更快的周转率等。狄克逊认为："只要确定了具体的知识管理目标，就可以进行评估。"

3. 缺乏责任人

如果没有专人负责，推行知识管理的举措最后极有可能是不了了之，而对于大公司来讲可能需要多个负责人。美国生产力和质量理事会的会长、《假如我们明白自己所知道的一切——内部知识和最佳实践的传播》一书的作者之一卡拉·奥德尔的看法是，"经验表明，如果大公司要推动知识管理，除了资讯科技人员外，还需要4个核心成员专门负责"。而较小规模的公司只需要一名专职人员即可。

4. 缺乏用户针对性

知识管理不是一招鲜吃遍天，相反，只有根据特定公司的需要制订特定的方案，知识管理才能发挥最大功效。

知识管理还是一个新兴领域，所以许多公司现在才开始推行，在摸索的过程中难免会陷入重重困境。实际上，我们可以向先驱者学习借鉴。毕竟，对那些对知识管理早已胸有成竹的公司来说，他们已经通过尝试和摸索累积了宝贵经验；而对那些刚入门的公司而言，只有善于撷取前人经验，才能够跨越障碍，神速进步。

始终学习：唯一不用努力就能获得的是年龄

生意不好，可以慢慢做；但人不学习，不行！你这么年轻，什么都能学会！

他们很多人都哭过，只是不当客人的面哭。这么苦、这么累，又背井离乡，谁能一下子适应？那些忍受不了的都走了；留下的，哭过后就开始笑了；所以，你看到的就都是笑的了。

——张勇谈学习和坚持

延伸阅读

有人说过这样一句话：世界上唯一不用努力的事情就是年龄。所谓努力就是不断地学习和不停地坚持，凡是在海底捞留得住的人没有一人是不努力的。

杨小丽曾被派到西安管理一家海底捞与公家合办的分店。公家有股份在里面，自然就想参与店面的管理。虽然是店长，杨小丽为店里置备点公物还要经过他们的允许；每当她团队建设做得正好，他们的一个命令可能就会让她之前的努力前功尽弃。

杨小丽心里充满了怨气，又加上张勇总是要求管理层多学习，指定书籍给他们看，每天还要写工作日志，还要学习电脑，这对于只有初中学历的杨小丽来说简直比登天还难。

多重压力让杨小丽产生了退缩的念头，她给张勇打电话请辞，因为觉得自己实在没有能力干好这份工作。在与公家合作这件事上，张勇给了她充分的支持，断然要与公家分开，但是对于学习知识这件事，张勇丝毫没有松口，在他看来，生意可以慢慢做，但不能不学习。

面临这样难题的并不是只有杨小丽一个，海底捞员工的学历水平普遍不高，让他们看书，学高科技的东西，比服务好一个客人还要难。但是张勇并没有放弃，他一直坚持要求管理层学习，并把这些作为晋升的条件。

就这么逼着、推着，像杨小丽这样的管理层终于学会了打字，习惯了写工作日志。到了一定的时机，量变终会变成质变，很多高管的能力都有了极大提升。

杨小丽总结说："是金子到哪儿都发光，做事就在于坚持，坚持就是胜利，坚持就是人民币，冲走的只是沙子，留下的才是金子。"这句话后来成为很多员工激励自己的格言。

尽管张勇没有给普通员工制定学习的标准，但这种学习和坚持的精神在海底捞随处可见。在海底捞，你找不到脚上没长过泡的服务员，找不到手没烂过的刷碗工，找不到腿不肿的前台。在海底捞他们学会了怎么和同事成为朋友，怎么帮助新人，怎么打扮和爱惜自己，怎么享受生活，怎么教育孩子，怎么照顾家庭……这是他们待在农村，没有进入海底捞之前从没想过的。

Business Develop

年轻的时候，张勇督促自己学习，有了海底捞团队后，他就监督着高管和员工们学习。伽利略有一句名言："你无法教人任何东西，只能协助他从内心去发掘。"你是一个培育者，而不是教师，给人们提供发展的机会，让他们发觉自己本身既有的天资就行了。管理者应给员工提供培训的机会，鼓励员工读书，给员工提供发展空间，并让大家有机会在其中成长。

《第五项修炼》的作者圣吉在书中明确指出：“当今世界复杂多变，企业不能再像过去那样只靠领导者一夫当关、运筹帷幄来指挥全局。未来真正出色的企业将是那些能够设法使各阶层员工全心投入并有能力不断学习的组织。”德鲁克认为，学习已经越来越成为企业保持不败的动力之源。当今企业的发展更证明只有比你的竞争对手学得多、学得快才能保持竞争优势，才能永远领先。

事实上，世界上著名企业的发展，无一能离开“学习”二字。美国排名前25位的企业中，有80%的企业是按照“学习型团队”模式进行改造的。国内很多企业也通过创办学习型企业而给企业带来了勃勃生机。

给人一条鱼，只能让他吃一次；教会他钓鱼，才能使他一辈子不会挨饿。作为企业领导，不但要自己会钓鱼，还要教会员工钓鱼，并在团队中营造一种轻松和谐、相互学习、团结协作、分享创新的氛围。使整个团队成为学习型团队，才能使企业在竞争日益激烈的市场大潮中立于不败之地。

通用电器前总裁韦尔奇认为一个优秀的领导者应该带领团队持续学习。企业要想在发展过程中不断超越自我，不断地提高竞争能力，不断地扩展企业发展中真正心之所向的能力，首先应激发企业内员工的学习精神，从而使团队形成一个学习型组织。这样一来，作为团体中的人也会快速地成长起来，企业的内功更会不断强化。

通用在克罗顿维尔建立了领导才能开发研究所，每年有5000名领导人在这里定期研修，《财富》杂志称其为“美国企业的哈佛大学”。在那里，学员没有职务的束缚，可以不拘形式地自由讨论。每周都有100多名职员在这里集合，学习企业生产、经营和管理等方面的课程。

在韦尔奇的领导下，通用领导层变成了一个不断创新、富有成效的领导团体。他们能进一步推动工作，倾听周围人的意见，信赖别人的同时也能够得到别人的信任，勇于承担最终的责任。可以说，强有力的学习型组织以及由此产生的独特的学习文化，推动了通用在世界市场的横冲直撞，长盛不衰。

有所作为的管理者应该向通用学习，在自己的企业建立学习型组织。善于

不断学习,这是学习型组织的本质特征。所谓“善于不断学习”,主要有4点含义:

1. 强调“终身学习”——组织中的成员均应养成终身学习的习惯；

2. 强调“全员学习”——企业组织的决策层、管理层、操作层都要全心投入学习，尤其是经营管理决策层，他们是决定企业发展方向和命运的重要阶层，因而更需要学习；

3. “全过程学习”——学习必须贯彻于组织系统运行的整个过程之中；

4. 强调“团队学习”——不但重视个人学习和个人智力的开发，更强调组织成员的合作学习和群体智力（组织智力）的开发。在学习型组织中，团队是最基本的学习单位。

丰田公司也是创建学习型组织的典范，并且通过学习型团队创造了丰田的精益生产系统。

不管是在服务程序上、构建卓越产品还是质量管控方面，丰田都在不停地学习和创新，培养员工各方面的能力。其中最能够佐证丰田的学习能力的是他们面对错误的态度。

丰田公司的做法是，“错误发生之后，我们不因此引咎于任何个人，而是立刻采取改正错误的行动，同时在企业内部传播从这个经验中学到的知识”。在丰田公司,学习是一种持续的、遍布整个公司的流程,不管你处在什么层级上,都能够分享到每个人的知识。

学习就是生产力，让员工坚持学习，他们才能具有更强大的生产能力，你的企业才能获得更大的经济效益。组织员工学习,建立学习型组织,对企业而言,只是小额投入，而这种投入带来的回报绝对是惊人的，并且是持续的。

双手
才能改变不足

海底捞的企业文化就是双手改变命运。关心员工成长是我们过去十几年的原则，基于自己的理想，我们提出了双手改变命运，我想这是放之四海而皆准的。多年来我一直在创造这么一个平台，在企业里弘扬这么一个东西。

餐饮是一个完全竞争的行业，消费者体验至关重要。我们在很早的时候就非常重视顾客满意度，而顾客满意度是由员工来保证和实现的。所以，我们确立了“双手改变命运”的核心理念来凝聚员工。想借此传达的是，只要我们遵循勤奋、敬业、诚信的信条，我们的双手是可以改变一些东西的。员工接受这个理念，就会认可我们的企业，就会发自内心地对顾客付出。我们在服务上的创新都是员工自己想出来的，因为他们深受“双手改变命运”这个核心理念的鼓舞。

一个无法回避的事实是，我们绝大多数员工来自农村，他们有一个共同的特征就是没有受到良好的教育，因此不可能像公务员和白领那样过上体面的生活。在陌生的城市，他们几乎没有任何有效的方法受到这个社会的尊敬，所以他们必须竭尽所能去改变。否则，一辈子都要在社会最底层，他们的后代也将重复同样的命运。

——张勇谈海底捞的人力观

延伸阅读

“坚持下去，用双手改变命运”是张勇的座右铭。在张勇看来，勤劳的双手和积极的心态是能够改变一些先天不足的东西的。事实上，正是这个贯彻始终的价值信仰让一批又一批未受过良好教育的青年转变成务实能干、举止得体、热情真诚的员工，从而牢牢抓住了顾客的心。之所以张勇对“用双手改变命运”的信念如此坚持，是因为他很早就认识到贫穷的可怕。

小的时候，张勇有一个很好的玩伴，不过他的这个朋友是个傻子。90年代的时候，傻子爸爸所在的农机厂破产后，便借口去深圳打工抛弃了傻子和他的妈妈。傻子妈妈为了维持生计，就在农机厂的门口摆了一个烟摊。后来，一个农机厂门面的承包商说傻子妈妈的烟摊挡住了他的生意。就这样，一个妇女带着一个傻儿子，无依无靠，彻底失去了生活来源。傻子的妈妈向亲戚朋友借钱，可是没人愿意帮助他们。人到了走投无路的时候，所能做的一切可想而知了。在一个小山坡上，傻子妈妈拿出了两包老鼠药，她满眼噙泪：“儿子，吃方便面吧。”傻子什么也不知道，他乐呵呵地打开竹子水壶，就着水把“方便面”吃了下去。

这件事让张勇深有感触，他意识到如果不竭尽所能去改变，贫穷带来的会是绝望，甚至是死亡。这样的观念也被成功移植在海底捞的员工心中。海底捞的绝大多数员工文化水平较低，社会地位较低，所以张勇一直鼓励员工用双手去改变自己的命运。在这种观念的引领下，这样的改变在海底捞不计其数。

北京八店的张海霞是在2006年加入海底捞的。以前她连小饭馆都没进过，对火锅也知之甚少，甚至连基本的菜品也只认识三四个。刚来的时候，她不知道同事是什么，事情也做不好，总是提心吊胆害怕自己被淘汰，担心没钱供养孩子。慢慢的，在店长和同事们的帮助和鼓励之下，她在海底捞学会了坚持与努力。现在的张海霞已经懂得如何和同事相处，懂得操作电脑，对各种菜品更是熟稔于心。

在海底捞上班虽然辛苦，但张海霞干劲十足，对生活燃起了信心与希望。

以前为生计愁眉不展的张海霞现在甚至开始懂得照顾自己和享受生活了。休假的时候，她不再待在家里睡懒觉，而是出门和朋友一起打球、逛街。

Business Develop

在一个人发展与成长的过程中，天赋、环境、机遇、学识等外部因素固然重要，但更重要的是自身的努力。只要勤奋、努力、坚持不懈，就算是行动迟缓的蜗牛也能雄踞塔顶。成功不能单纯依靠能力和智慧，更要靠个人自身的勤奋进取。

娃哈哈掌门人宗庆后被称为勤奋的首富，他每天早上 7 点上班，晚上 10 点之后才下班，而他的女儿宗馥莉则比他还勤奋，差不多总是公司第一个来，最后一个走的人，被大家称为"最勤奋的公主"。

虽说父亲就是公司掌门人，宗馥莉对自己的要求却很高，工作狂的劲头一点也不输父亲。2011 年，宗馥莉决定加快娃哈哈国际化的进程，她亲自到欧洲及美国等当地最火的超市和经营者交谈讨论和调查，收集信息和数据，希望打造一款符合这些地方人们口味的饮料。在考察了许久之后，她决定做有中国特色的饮品，也就是茶。

确定了方向之后，宗馥莉成立了研发团队，与大学合作，研发茶饮料。刚开始团队小，只要国际上有相关的展览会，宗馥莉立马出发，到展会上推销她的茶饮料。每个试喝茶饮料的人她都不会错过，询问人家的需求、茶的口感和能接受的价格。展会结束了她也不歇着，带着团队到当地的超市里做调研，了解热销饮品有哪些，卖得好的茶饮料的优缺点和卖点是什么，拿着饮品到各地的经销商处听取意见。

凭借着勤奋和努力，独具中国特色的娃哈哈茶饮料很快就将进军国际舞台。

有人对 19 世纪以来不同国家、不同领域的 1000 位声名显赫的人物进行调查分析后，从他们身上总结出 3 项被认为最重要的成功元素：保持健康、充满激情以及付出不亚于任何人的努力。其中，付出比任何人更多的努力，可以让你站得更稳、走得更远，而前两项的作用通常要通过它显现出来。

优秀服务
赚的都是未来

如给客户退菜，对于我们来说，食材成本是很低的，所以一定不要因为这么一点成本跟客人发生冲突。一些人都只算自己的账,不算员工、同事、顾客的账，所以合作者只会越来越少。

做生意一定是要赚钱的，只是不能太短视，不能只是说这一单赚了多少钱。比如说顾客吃火锅，都喊咸了，这时应该给顾客免单的。因为顾客消费你的产品是一个不合格的产品，这个损失一定是要由商家承担的。

——张勇谈换位思考问题

延伸阅读

人都是自私的，资本更有追求利益最大化的天性，站在这个角度来看，海底捞的一些做法好像有悖于常识，比如海底捞专门为排队的顾客设置等候区，而一般餐厅恨不能多摆几张餐桌，更不可能提供免费的零食等服务；至于餐厅可以退菜，更是闻所未闻。人们不禁要问：张勇做海底捞到底赚不赚钱，或者说张勇心里到底想不想赚钱?

商人无利不起早，张勇自然也不可能瞎忙活，赔本赚吆喝。只是赚钱的渠道多种多样，古时还有“君子爱财，取之有道”的训诫，到了今天，浮躁的社会已经让道德的约束力几近于无。在茫茫商海，商人也大致分为 3 类：第一类是商人是唯利是图，见钱就赚，二话不说，先把钱赚到手再说；第二类商人就聪明多了，知道洁身自好，明白什么钱可以挣，什么钱打死也不能碰；最傻的就是像张勇这样的商人，不仅不占顾客的便宜，有时还心甘情愿倒贴。

为什么说张勇傻？举个在普通餐馆里时有发生的例子：吃饭吃到头发。一般的餐厅多是服务员上来道歉，然后这事就过去了；遇到有点执拗的顾客，多半餐馆会撤掉这盘菜，重新再上；顾客不依不饶，再遇上个明事理的老板，这顿饭才能免了单，最后顾客也受了一肚子气走了。基本上就是闹得越厉害，给得优惠就越多，顾客不闹，餐馆也权当过去了事。

在海底捞，要是真在菜品里发现了头发，那可是相当于重大事故，不仅仅是当事服务员、配菜员受处罚，甚至店长也要遭殃。或许拿火锅锅底咸淡的问题作比较，才是同等严重程度的问题。像锅底咸淡这种众口难调的问题，只要一桌顾客中的大多数认为咸了，服务员就会免单，就是这么简单，不需要找店长，更不需要面红耳赤地争吵。

海底捞的这一做法不禁让同行们觉得难以理解，要是遇到恶意顾客岂不是会受损失？但张勇认为，这种方式也许会在一时损失一些钱，但因为店里给客人提供了更高质量的服务，最后换回的不仅仅是一桌客人。而且可以相信，这桌客人以后都将是海底捞的忠实客户，自发地为海底捞宣传。

Business Develop

赚钱，是商人做生意的动力之源，正因为如此，个别不良企业才会不惜以牺牲产品或服务质量来换得短期利益，这种做法最终会失去顾客。因为对质量负责就是对顾客负责，对顾客负责就是对企业负责。这里面的道理很容易理解：

只有赢得顾客，企业才有发展的空间。如果企业不能把好质量关，必将遭到顾客的抛弃。

服装作为人们日常的消费品，存在瑕疵再正常不过，不少品牌衣服都存在线头外露、纽扣易脱落问题。这些问题看似很微小，也基本不影响服装的穿着效果。大多数服装企业的做法都是睁一只眼闭一只眼，消费者多半也是自己动手，缝缝补补，权当运气不好。面对这一问题，福建泉州的富贵鸟服饰却采用了看似极端的处理方式——焚毁瑕疵品。

2011 年，在泉州石狮锦尚镇的环保垃圾焚烧炉前，富贵鸟公司烧掉了价值 300 万元的服装。看着自己亲手缝制的服装，因为一点点瑕疵而被焚毁，不少员工当场落泪。

富贵鸟的管理层也同样心痛，但 300 万元如果能换来一次全体员工的警醒，在总裁洪辉煌看来，也是相当值得的。在洪辉煌眼中，富贵鸟的品牌价值远远不止这 300 万元，如果为了一时小利昏了头脑，黑心卖给消费者，长此以往，顾客必然流失。

其实，富贵鸟男装的这批产品不仅可以通过终端渠道卖给消费者，而且还可以做到不违法。当时国家对于服装瑕疵品的规定尚有很多漏洞，而且多不强制执行，由企业自主选择。这也是众多服装厂家不在意小问题的原因所在。面对这样“轻而易举”即可通过的漏洞，很少有企业家能够抵抗，但显然，洪辉煌没有选择钻洞。

此次被丢进环保垃圾焚烧炉的包括富贵鸟男装的西服、休闲裤、衬衫、夹克和部分半成品等，共有 50 多箱，价值 300 多万元。每一个箱子上都写着“经自查，不合格，同意销毁”的字样。洪辉煌表示，这些瑕疵品完全是由富贵鸟企业内部自查得来。

瑕疵品大量出现的原因，主要是富贵鸟的质量检测团队由于日久懈怠，抱着侥幸心理；不少老员工也仗着手艺熟练，工作态度不认真，马虎了事。为了达到震撼人心的学习效果，洪辉煌带领全体员工现场观看了焚毁瑕疵品。在此之前，整个工厂的质量检测团队都已被洪辉煌解雇。这就是富贵鸟对待失败的产品的态度，洪辉煌不仅不随大流贪图小利，而且果断清除相关员工，让整个富贵鸟集团都为之一震。

如今富贵鸟成为国内一线服装品牌，各大商场都会看见它们的门店，而富贵鸟也成为拥有员工上万、资产近百亿的服装巨头，。如果不是总裁洪辉煌以烧毁瑕疵品的行动敲响了质量的警钟，富贵鸟如何能够多年来一如既往地坚持产品质量，更不会有今天的成绩。目光决定地位，真正的企业家应当看得比常人更高更远。

第七章

危机来临，那就换种方式服务

人觉得悲惨的事情是：危机来了，人却只能眼睁睁地看着；危机觉得最悲惨的事情是：它来了，人却把它变成了生机。

除非是糟糕透了，否则都有转机

海底捞创业到现在，我们4张桌子起家，一直就是说，前3个月可能生意不太好。但是其实我觉得中国市场挺好的，你只要敢做，20世纪90年代初期，你做什么都能够赚钱，它不是说你要靠什么管理呀，靠品牌，都没有。那个时候我觉得是求大于供，你只要不是特别的糟糕，我觉得就会逐渐顺利起来。

我们从90年代中期生意好起来之后逐步就比较正规了，再加上餐饮这个行业是蛮低端的，因为它的管理很原始，从业人员可能对这个规划管理的意识不像制造业，或者是高科技行业那么强烈，一般的竞争对手可能就在这方面研究得晚一些，我们就研究得早一些。在这个市场你做得比人家稍微好一点，你的生意就会一直很火爆，我想不起来我有什么艰难的时候，没有，从来没有遇到过。

——张勇谈创业困难

延伸阅读

在张勇看来，海底捞的创业过程似乎从来没有遭遇过什么困难。或许，张勇天生就具备超乎凡人的复原能力，所以对于他而言，世上根本不存在“艰难”二字。事实上，张勇的创业之路并不是一马平川，畅通无阻的。

1988年，张勇从技校毕业之后，分配到四川拖拉机厂的车间工作。但是，他对此根本提不起兴趣，总是趁着闲暇之余寻找创业机会。有一次，他偶然在成都发现了一种“押大小”的扑克机游戏。张勇心中一动，拿着东拼西凑的5000元去购买扑克机。然而，在去成都的长途汽车上，张勇被人骗走1200元。怀揣着剩下的3800元，张勇的生意不了了之。

虽然从商的第一步以失败告终，但是张勇依然不放弃寻找商机。不久之后，他开始琢磨着在简阳到成都的公路旁倒卖汽油。那个时候，汽油是由国家计划控制的，张勇想将从公家司机那里收来的油票贩卖给私人司机。但是，当这个想法真正付诸实践的时候，张勇什么也没得到，除了一身灰尘。每当车辆经过的时候，他就会举起写着“收油”的牌子，但是连续两天的守候，竟然没有一辆车停下来。直到第二天夜晚，一辆解放车出现在张勇的视线中，这让他一阵欣喜。他一手高举着牌子，一手不停向司机挥着手。这一次，车停了下来。满怀希望的张勇走向司机，没想到司机缓缓摇下车窗，顺势朝张勇吐了一口唾沫，然后踩下油门绝尘而去。就这样，张勇的汽油生意也无疾而终。

然而，两次尝试的失败并没有让张勇放弃创业，他一直在寻找新的机会。当他在成都看到小火锅特别流行时，就在简阳支起4张小桌子，开始了第三次创业——麻辣烫。这就是海底捞的前身。尽管在创业途中遭遇到了诸多波折，但是张勇并没有被困难吓跑，而是选择继续前行。正是这种“跌倒后从头再来”的精神，成就了张勇的事业。

海底捞刚刚在新加坡开业的时候，由于服务人员的签证问题，店里没有足够的人手，所以经常造成顾客无法订位的情况。这使得海底捞的服务一时无法全盘周转起来。然而，这个问题并没有吓跑海底捞进军海外的决心。一方面，海底捞公司帮助员工担保，并向新加坡移民局上诉，积极促进赴新员工工作签证的批准工作；另一方面，店经理时常也会客串起服务员的角色，负责端茶送菜。据说，忙的时候，员工会从早上一直忙到凌晨两三点才收工。此外，当顾客等待用餐时间过长时，员工会用一些“小恩小惠”来安抚客人，比如，赠送一包火锅底料或者其他的小礼物。当新员工服务不周的时候，海底捞的服务员会送上一个歉意的微笑。这些方式都起到了暂时缓解顾客情绪的作用。经过两个月的努力，签证问题基本得到了解决。在面对海外市场的问题时，海底捞并没有退缩，而是竭尽所能积极应对。最终，这个困难并没有阻碍海底捞进军海外的步伐。

创业本身就是一个艰苦的过程，不可能一帆风顺。而最后成功的人往往都是“打不死的小强”，拥有顽强的生命力，能够及时从失败中爬起来。正如马云所说：“今天很残酷，明天更残酷，后天很美好，但是绝大多数人都死在明天的晚上，见不到后天新生的太阳。”其实，跌倒并不可怕，可怕的是跌倒之后一蹶不振。如果在面对困境的时候，依然能勇往直前，成功也许就在不远处了。

Business Develop

孙子说：“见胜不过众人之所知，非善之善者也。”意思是说，预见胜利不能超过平常人的见识，算不上最高明。言外之意，真正的成功是要想获得别人意想不到的胜利。这不仅需要管理者能够出其不意，更要有直面困难的勇气。

对于管理者而言，当遇到挫折时，要学着忍饥耐饿，锻炼自己的忍耐力，培养毅力，等待机会到来。同样的，对于企业来说，当遭遇危机的时候，要努力寻求解决之道。由于危机的破坏性和时间紧迫性，企业全体成员需要团结合作，以共渡难关，因此快速而准确的沟通就显得特别重要了。

当面对危机的时候，管理者可以从内部沟通和外部沟通两方面着手建立有效的应对方式。

1. 有效的内部沟通包括以面几个方面的内容：

（1）不要向员工隐瞒坏消息。大多数企业乐于将好的消息告诉员工，当坏消息出现时，坦诚就变成了很困难的决定。其实，企业可以利用这个机会反复强调企业的产品和服务的高标准。如果对于企业的缺点及赢得的赞美都能够非常坦率和诚实，企业就能提高员工对它的信任。

（2）用各种方式和员工进行沟通。用各种方式与员工沟通的益处是不言而喻的。其具体方法可以是通过办公室的公告牌和公开信等告知员工有关的情况，公司内部报刊也可以起到同样的作用，而且由于篇幅方面限制较小，还可以回答员工可能想到的问题。除书面形式外，还可以借助会议和咨询小组等口头传达方式告知员工需要了解的信息。总之，需运用多种媒介以确保公司能同每个人进行沟通，并在这个过程中通过反复强调的方式来加强公司的核心信息。

（3）在危机中保证员工能够及时得到有关信息，并不断更新信息的内容。企业应当让员工随时了解有关情势的最新信息。因为不同的员工关注危机的方面不同，企业对不同的员工提供的信息应有不同的侧重点。

2. 有效的外部沟通。在危机中，企业应该把顾客所关注的核心内容告诉他们。这主要包括以下几点：

（1）企业出现了什么问题？危害性有多大？对顾客的影响如何？

（2）问题是如何发生的？到底发生了什么？有多严重？

（3）危机对企业应对顾客承担的责任有什么影响（服务、产品、承诺、最后期限等方面）企业的前景如何？

（4）企业采取了哪些措施以防止问题再次发生？哪些步骤会对顾客有所影响？

（5）企业是否采取了别的措施来表明形势已经得到很好的控制？

（6）顾客一般应该找谁提出疑问和批评？如果他们想提供帮助，他们应该如何提供这种帮助？如果需要，他们是否可以找到负责的人？

（7）顾客什么时候会从企业那里再得到消息？以后企业会以何种方式与顾客联系？企业怎样决定什么时候与顾客再次联系最恰当？

（8）企业会要求顾客做什么？什么时候应该完成？

（9）企业是否对顾客一如既往的支持表示感谢？是否采取了一些措施以减轻危机对顾客所造成的负面影响？

在沟通的过程中，有效的沟通应该至少细分为企业内部沟通和企业外部沟通两个过程，而不能一概而论。

HI捞送：客人来不了，我们就送上门

问：海底捞是个传统的餐饮企业，那我现在看到你们也在做网上的订购，这是怎样一个想法呢？

袁华强：最初的这个想法还是因为生意太好了，因为生意太好，我们发现，每天流失的客户非常多。我们就很着急，一个客户大老远慕名来到你店里，因为时间不允许，他就只能走掉。这对于企业来讲，不是为了钱的问题，而是感觉对于这个顾客有种愧疚。因此，我们就想把这个火锅给他带到家里面去。所以我们就有了这样一种定位：把火锅和服务带回家，在家里面享受这样一种美味。

——海底捞董事袁华强答记者问

延伸阅读

2003年的“非典”，给餐饮行业带来了致命打击，海底捞也未能逃过这一劫，门店的营业额直线下降了95%。人们不敢出门，平时热闹非凡的海底捞也变得冷冷清清，门可罗雀，排起长龙吃火锅的景象消失了。海底捞的生存受到了严峻的挑战，此时的情况是，要么张勇能够带领海底捞熬过“非典”，要么海底捞倒闭关门。

张勇开始不停地琢磨，“非典”时期，人人自危，哪怕是打出再低的折扣，也无法吸引顾客进店，唯一的办法就是送上门，即顾客不来，海底捞送火锅上门。主意一起，张勇立马在《西安晚报》登出消息，海底捞推出外卖服务。消息一出，海底捞的外卖电话即刻就被打爆。当时的消费者正苦于“非典”肆虐，不敢出门，海底捞的这一外卖服务，对消费者而言简直就是福音。

海底捞创新的外卖服务引得国内各大媒体争相报道，甚至央视《焦点访谈》还专门做了一期关于海底捞的节目，这让海底捞一时间声名鹊起，风头无两。

随着“非典”的结束，海底捞的外卖业务也自动撤销了。不过随着近几年海底捞业务的逐年扩大与稳定，海底捞北方大区经理袁华强再次推出了外卖服务。这次海底捞外卖服务专门为中高端客户定制，希望随时随地为客户提供火锅享受。谨慎的袁华强先是在北京的望京店试运行，而且并未做大量的宣传，只是在海底捞的官网上默默地挂出了消息。袁华强希望先在老顾客中试水，等时机成熟再大规模地推广，他为这项外送业务起名叫“HI 捞送”。

刚推出的“HI 捞送”，虽然有 500 元起送的门槛，但同时也提供了不少颇有诱惑力的服务承诺，譬如北京地区“四环之内一个半小时送达，五环以内两小时送达”，“外卖迟到半小时可以打八折，迟到两个小时以上则可以免单”等。至于菜品的价格，则与实体店相同，唯一多收的费用就是配送费，配送费也有 3 个标准：第一种是 19 元，不带锅、勺餐具；第二类是 29 元，餐具配备齐全；最高的是 99 元，服务员留下全程服务，完全享受在实体店内的“变态”服务。

“HI 捞送”刚推出时并没有引起顾客热捧，很长时间处于亏本运营状态，不过袁华强希望“HI 捞送”能够成为海底捞新的经济增长点，坚持经营外卖业务。到了今天，“HI 捞送”在经过几年的摸索后，建立了标准的外卖流程：进门穿脚套、取电磁炉、接电板、摆放菜品、装锅底、拆调料包，直至客人吃完带走餐具和垃圾。袁华强也已扩大了“HI 捞送”的运行范围，现在全国共有 38 家海底捞门店有外卖业务，仅北京地区一天的外卖量就高达 70 单，而且还在增长中，“HI 捞送”已经成为海底捞新的特色。

海底捞的火锅外卖业务起源于“非典”时期，当时海底捞亏损严重，面临倒闭，员工也可能随时离开。那是海底捞第一次面对生死危机，不过张勇同样认为：“非典”是危机，但更是海底捞的转机，如果能够扛过行业寒冬，海底捞必将涅槃腾飞。

2003 年“非典”肆虐，它的可怕之处在于它不但能夺去人的生命，而且可以置企业于死地。马云和他的阿里巴巴同样迎来了严冬。当时阿里巴巴做了 3 件事：

第一，帮助企业化解“非典”危机。突如其来的“非典”使企业间正常贸易陷入绝境，危难之时，阿里巴巴出手相助。他们利用其业已成熟的电子商务平台，利用其全力推出的“中国供应商”和“诚信通”，利用公司近千名高素质员工，帮助企业特别是中小企业渡过难关。调查表明，没有上网交易的企业 90% 为“非典”所伤，而国内 140 万阿里巴巴会员企业其中一半免受影响，有些企业的业务不降反升，从而创造了非接触经济的奇迹。

第二，以 SOHO（Small office Home office，小型家居办公）击败“非典”。阿里巴巴是“非典”的受益者，也是“非典”的直接受害者。在马云和高层的带领下，500 名年轻的阿里人激情演练 SOHO。他们不但未使业务受损，而且反使其激增 5 倍，创造了全球商界 SOHO 运作的典范。

第三，以“非典”为契机把电子商务带进春天。全球互联网于 2000 年达到第一个高峰，2000 年年底泡沫破裂后跌入谷底。2001 年和 2002 年是互联网的冬天。几乎没人把复苏的希望寄托在 2003 年的春天，而奇迹恰恰发生在这个多灾多难的春天。“非典”是神州大地百年不遇的灾难，却是电子商务百年难觅的商机。正是“非典”使企业认识到电子商务的价值，使成千上万的企业登上了电子商务的“战车”。

此时，作为全球B2B网站领头羊的阿里巴巴的表现最为世人瞩目。“非典”期间，阿里巴巴每日供求商机增长5倍，每天新增会员3500名，涨幅高达50%；到6月中旬，阿里巴巴已胜利完成从追求数量到追求成交量的历史性转型，提前实现每天收入100万，全年收入过亿的目标。从此有关电子商务网站能否赢利和有关阿里巴巴何时赢利的争论可以休矣。阿里巴巴为全球的电子商务网站带来了春天的消息。

阿里巴巴战胜“非典”之后，马云说过这样一段话：“互联网是为战争准备的。美国国防部设计互联网的时候说，万一战争爆发，美国国防部的数据库可能被炸掉，处于瘫痪状态。所以他们设计的互联网在全国各地、全世界各地都可以运营，但是美国没有试过，英国、日本也没有试过，阿里巴巴是天下第一个尝试的公司。阿里巴巴试验证明互联网可行，还试验证明一个团队拥有强大的价值观、强大的使命感的话，可以面对任何挑战。”

在马云看来，冬天并非置企业于死地的恶魔，它还有可能是企业转危为安的黄金季节。古语有云：“塞翁失马，焉知非福。”阿里巴巴在互联网泡沫期的起死回生，“非典”期间形成的强大凝聚力，都是冬天给马云这位有心人的馈赠。

今日海底捞的巨大成功很大程度上归因于管理者和员工在逆境中建立起足够牢固的关系。同理，其实对于所有的企业，面临经济萧条的必修课，就是做足调整和建立企业内部关系的功课，夯实并加强企业的经营基础，那么这门功课势必获得令人满意的好成绩。

“骨汤门”：最好的掩饰就是不掩饰

海底捞公司有近60家门店，为了保证提供给顾客的产品的稳定性与安全性，我们采用现代化工业制作手段，通过产品的规模化和标准化生产以保证产品的品质。作为门店较多的火锅企业，现代规模化的生产所采用的方法已替代传统的加工模式，这与一般餐饮企业以及家庭使用的方法有较大区别。为了量化标准，为了让顾客在每一家海底捞门店食用的汤底味保持一致，我们将正规生产厂家提供的浓缩骨汤进行还原。我们使用的方式、方法符合国家对食品安全的要求，请顾客放心食用。海底捞没有以任何方式宣传过骨头汤系现场熬制，如果因此造成了顾客的误解，我们深表歉意。

——海底捞关于“骨汤门”事件的部分公告

延伸阅读

2011年7月，餐饮连锁巨头肯德基率先被曝出豆浆勾兑问题，随后味千拉面、永和豆浆、山西老陈醋均被曝出存在勾兑现象。就在人们纷纷扰扰热议的时候，餐饮行业的神话——海底捞，也被曝出骨汤勾兑问题，一时间海底捞被推上了舆论的风口浪尖，海底捞多年经营的金字招牌随时可能灰飞烟灭。

面对前所未有的信誉危机，海底捞展现了惊人的危机公关能力。与其他企业遮遮掩掩、闪烁其词不同，海底捞在第一时间就承认骨汤的确是勾兑而成，并对顾客关心的问题逐一做出详细解答。

首先是为什么要勾兑骨汤。海底捞在官方声明中表示：海底捞以前的骨汤的确是现场熬制，但随着规模逐渐扩大，现场熬制这一传统工艺已经难以满足目前的顾客需求量；而且为了保证骨汤口味的安全性和稳定性，勾兑可以很好地解决这一问题。

其次是海底捞骨汤如何勾兑。海底捞向人们透露了整个骨汤勾兑的过程：首先从装满骨白汤料的包装中，舀取骨白汤料，称重后加入一定量的开水，比例是每千克骨白汤料配上 100 千克开水，大概能勾兑出 40 锅锅底；随后将混合物均匀搅拌，搅拌后再放入特制的搅拌器内进行最后的搅拌，形成餐桌上的骨汤。海底捞不仅公布勾兑过程，还承诺向人们开放厨房，谁都可以进入厨房观摩骨汤勾兑过程。

勾兑出的骨汤合法、健康吗？海底捞详细介绍了骨白汤料的进货渠道和制作过程，海底捞的骨白汤料全都是从国家正规原料厂家——北京华都肉鸡公司进货,并附上了供应商的营业执照等证件。同时华都肉鸡公司还开出了一份《火锅专用汤》的制作说明书：骨白汤料主要原料是猪骨和鸡骨，简要过程是原料加水——蒸汽加热——静止分离——浓缩——加盐均质——杀菌——包装。海底捞表示，这种方法勾兑出的骨汤完全不存在健康安全问题，海底捞的说法得到了专家学者的认可。

海底捞也对为何不让一线服务员直接解答顾客的质疑做出了解答，这并非遮遮掩掩试图“瞒天过海”，而是海底捞目前有上万名员工，水平参差不齐，很可能出现解释不清，加重顾客误解的情况。为了进一步打消顾客疑虑，海底捞还决定在北京、西安、南京等地，开展专门的释疑活动，现场向顾客出具各种安全生产证书，以及邀请顾客进入海底捞厨房。海底捞还保证在 2012 年 5 月前，全国各门店都会完成食品安全监管备案工作，届时人们将可以自行查阅。

在整个危机公关时期，海底捞快速做出回应，直面问题，承认勾兑，并且明确表示企业从未在任何时候宣传自己的骨汤是现场熬制而成，不存在欺诈消费者的行为。最终人们也表示理解，只要骨汤安全、健康，勾兑也是可以接受的。

Business Develop

危机发生后企业要果断处理，通过有计划的专业处理系统将危机的损失降到最低。积极的处理方案还能利用危机，使企业树立起更优秀、负责任的形象。海底捞在“骨汤门”事件中的快速反应，以及勇于承认事实，积极答疑解惑，利用媒体和网络等公共传媒等，都是其管理层应对突发危机的智慧体现。下面介绍的同样是一起精彩的危机公关案例：

1982 年 9 月 29 日至 30 日，美国各种媒体纷纷报道：芝加哥地区有人因服用“泰诺”止痛胶囊而死于氰中毒。一开始，报道死亡人数为 3 人，后又增至 7 人。随着新闻媒介的广泛传播，传说在美国各地有 250 人因氰中毒死亡或致病。后来，这一数字猛增至 2000 人（实际死亡人数为 7 人）。这些消息的传播，引起上亿名服用“泰诺”胶囊的消费者的极大恐慌。

事后，民意调查测验表明，94%的服药者表示今后将不再服用“泰诺”胶囊。强生公司正面临一场生死存亡的巨大危机。实际上，强生公司对回收的 800 万粒胶囊进行化验后，发现只有芝加哥地区的一批胶囊中有 75 粒胶囊受到氰化物的污染（事后查明是人为破坏）。

但是危机既然已经发生了就只有去面对，为此，强生公司采取了以下措施来应对这次危机：

1. 成立由公司董事长伯克为首的 7 人危机处理小组，组员中包含一名负责公关的副总经理。危机初期，危机处理小组每天开两次会，对处理“泰诺”事件进行讨论、决策。

2. 经过调查，虽然只有极少量药物受到污染，但公司管理者毅然决定 5 天之内在全国范围内立即收回全部“泰诺”止痛胶囊，其价值近 1 亿美元。同时，还花费 50 万美元通知医生、医院、经销商停止使用该药。

这一果断决策表明强生公司为坚守自己的信条，“公众和顾客的利益第一”，不惜做出重大牺牲，以示对消费者健康的高度责任感。这一决策立即受到舆论的广泛赞扬。《华尔街周刊》在一篇文章中称赞：“强生公司为了不使任何人再遇危险，宁可承担巨大的损失。”

3. 与新闻媒体密切合作，以坦诚的态度对待新闻媒介，迅速地传播各种消息，无论是好消息，还是坏消息。

4. 敞开公司大门，积极配合美国公众和医药管理局的调查，在 5 天时间内对全国收回的胶囊进行抽样检查，并向公众公布所有检查结果。

由于强生公司在“泰诺”事件发生后果断地采取了一系列正确的决策，因此重新赢得了公众和舆论的支持，从而使公司信誉的损失降到最低程度。

“泰诺”事件后，美国政府和芝加哥地方当局发布了新的药品安全包装规定。强生公司抓住这一良机，进行了重返市场的公关策划，公司为“泰诺”止痛药设计了防污染的新式包装，重新将产品推向市场。

在公关公司策划下，1982 年 11 月 11 日，强生公司举行了通过卫星现场直播的大规模记者招待会。

会议由公司董事长伯克亲自主持，他感谢新闻界公正地对待“泰诺”事件，介绍该公司率先实施新的药品安全包装新规定，推出“泰诺”防污染止痛胶囊新包装，并现场播放了新包装药品生产过程录像。

这次招待会发布的“泰诺”胶囊重返市场的消息立刻传遍全美国，美国各电视网、地方电视台、电台和报纸广泛报道，轰动一时。

在短短一年时间内，“泰诺”止痛药又占据了大部分市场，恢复了其发生危机前在市场上的领先地位，强生公司及其产品重新赢得了公众的信任。

我们可以总结出企业发生危机后对待媒体公众的一些基本对策：

1. 追踪分析媒介的报道，分析媒介态度、立场和对问题的介入程度。

2. 根据危机的程度，决定是否需要建立临时性的新闻机构。在没有专门的新闻发布机构时，要有专人负责与媒体的联系。

3. 及时向媒体提供关于危机发生原因的调查以及公司将要采取或者已经采取的解决措施。因为任何封锁信息的举措，都将迫使媒体寻找其他信息来源，这极有可能造成更多的错误。

4. 注意核查新闻稿，纠正澄清不实报道，并比较各种报道的角度，从中把握公众和媒介关注的焦点，以分析危机事件的影响程度和范围以及组织危机处理的社会反响等。

寻找突破口：众口难调那就调服务

网易财经：现在很多消费者有这样一个体验，觉得海底捞的服务体验是非常非常好的，但是可能在味道方面它不是最好的，价格可能也略微要偏高一点。

张勇：你要保证食品安全的话，成本一定是很高的，刚才你们也去看过了，它这个模式成本是非常高的，我告诉你，它就是清洗车间的温度都是控制的，然后是点对点冷链供应，这个投入会比你的原材料高几倍。你会发现每一种东西它的名牌收费都会更高，因为它的成本投入更大，这是毫无疑问的，虽然你只是感觉到我的菜新鲜了一点点，但是就是新鲜了这么一点点，我要投入很多，所以说它这个成本就不一样。

至于你说的味道的话，我想可能是个别的人的一些看法，因为有人说它不好，也有人说它好。口味这个东西是一定的，你想如果味道不好的话，天天能有那么多人来吃吗？一定是有很多人觉得这个味道好。但是我从来不觉得味道好是餐饮竞争的一个核心问题，因为口味方面南北方差异很大，或者是某一家子里面都有很大的差异，有些人喜欢咸一点，有些人喜欢淡一点，众口难调。而且如果你是一个大牌子的话，你想让每一个人都说它很好，那几乎不可能。

——张勇答网易财经记者问

延伸阅读

当下社会人口流动性极大，海底捞很难满足每一位顾客的口味需求，譬如说在传统吃麻辣的四川地区，也同样有大量滴辣不沾的外省人；而火锅工艺的流程化，让整个火锅行业更像个工业，不存在火锅口味“秘籍”之类的说法，每家火锅店都采用差不多的工艺流程。

同时随着餐饮业的逐渐发展，基本上所有的餐厅菜品都没有太大的区别，餐厅老板都知道提高自己的菜品口味，根本不会存在难以下咽的情况，换句话说，现在的餐厅菜品口味有趋同的倾向。

张勇所经营的火锅行业还有其自身的特殊性，一般菜系的菜品如果口味差别太大，基本是入口即知。火锅则不同，四川火锅更是以麻辣著称，多数顾客上了餐桌三五分钟后，舌头基本已经麻木，只顾着不停地擦汗和呼气，火锅菜品口味已经不是最主要的问题，所以张勇也无须在火锅口味上大做文章，只需要保证菜品口味在行业内中上水准就行。

张勇注意到当下人们外出就餐，多是以放松娱乐为主，对菜品口味也不是特别在意，反而更注重服务、环境等，所以相比于口味，完美的服务和优雅舒适的环境，更能招揽顾客。

Business Develop

张勇面对顾客众口难调，以及火锅店菜品口味差异不大的问题，采取着力经营“海底捞”品牌的方法，让顾客在选择火锅店时，脑中自然蹦出“海底捞”3个字。

每个企业管理者，都知道品牌能够带来效益，但如何创造属于自己的品牌，是个复杂的问题。除了海底捞的以服务创品牌以外，其实企业有很多途径可以选择，走出自己的品牌之路。

第一类，核心技术。拥有核心技术，品牌才响亮。依靠核心技术创出品牌的企业比比皆是，美国的“英特尔”就是典型代表。

第二类，产品特色。在汽车行业中，汽车的核心技术已相差无几，其品牌的建立主要依靠产品特色。具备了别人无法取代的特色，产品品牌才能稳定。特色一旦形成，就成为产品的一部分，别人无法复制。譬如日本车的经济实惠、德国车的安全性能等，都是自身的特色。

第三类，独特创意。用一种创意把硬资源和软资源结合起来，形成自己的知识产权或一种经营模式或产品样式，通过品牌使知识产权得到保护。“麦当劳”“肯德基”都是美国快餐，但经过不同的创意成了不同的品牌。我国也有不少成功案例，北京的“全聚德”烤鸭、天津的“狗不理”包子就是杰出代表。

第四类，优势产业。通过优势产业造就品牌也是许多企业的成功之路。中集集团就是借助于集装箱这个优势产业成了全世界最大的集装箱企业，成为行业内一个很有生命力的品牌。

第五类，优势环节。在整个行业处于劣势的情况下，抓住了优势环节，也可以造就自己的品牌。中国企业在电脑行业不占优势，但联想运用“低成本”这个优势锻造了自己的品牌。

在品牌忠诚心理的支配下，消费者会产生长期的重复性购买行为，而且会以喜爱、欣赏的心情来接纳该品牌的新产品，甚至能够谅解该品牌产品的失误。在打造企业品牌过程中，企业可以从 3 个方面入手来增强其品牌竞争力。

1. 极力让消费者记住自己的品牌。人们非常熟悉的“娃哈哈”品牌创立历程告诉我们：企业的品牌定位和品牌命名应独特，能切合目标顾客心理特征，与竞争品牌有显著不同。

2. 极力让消费者对自己的品牌产生丰富积极的联想。当消费者接触到某一品牌时，可能会想到该品牌产品的特征、价格、应用状况，该品牌特定消费者、形象代言人、所代表的某种生活方式，该品牌的经营历史等无形价值，其所在的国家或地区，等等。企业可以通过品牌定位、促销活动引起和强化消费者把其品牌与一系列有益的事物联系起来，加深消费者对品牌的正确认知。

3. 致力于提高消费者对本品牌的忠诚度。企业要牢固树立消费者至上的经营指导思想，一切活动围绕消费者展开，自觉满足消费者需求，赢得消费者的好感和信赖。企业特别要建立健全消费者咨询系统、完善的服务体系，要不断提高产品质量、改进产品性能、推陈出新，要合理制定价格，使之符合消费者对该品牌商品的心理感觉价值，塑造出比竞争品牌更优秀的品牌形象。

企业要想建立自己的品牌，除了做好产品和服务外，一定要沉下心，对品牌有长远的规划。在战略规划的指引下，将自己的品牌树立起来，让消费者产生信任感，从而带动企业的进一步发展。

每一个决定都要着眼未来

别人都以为现在海底捞很好，我却常常感到危机四伏，有时会在梦中惊醒！以前店少，我自己能亲自管理，每个店的问题都能及时解决，干部情况我也都了如指掌。现在不行了，这么多店要靠层层的干部去管，而有些很严重的问题却不能及时发现；加之海底捞现在出名了，很多同行在学我们，所以我总担心，搞不好，我们十几年的心血就会毁于一旦！

我总有一种无形的恐惧，我们海底捞是一个平民的公司，没有任何根基，没有任何背景，做到了现在这么大，而且会越做越大。生意越大，麻烦越多；如果我们是上市公司，碰到惹不起的人和麻烦，可能就多一层保护，至少上市公司的地位和社会股东也能帮助我们。

——张勇谈危机意识及上市原因

延伸阅读

智慧的企业管理者，总是时刻拥有危机感。张勇同样如此，虽然看似他并不关心海底捞的日常运行，但其实他总觉得海底捞表面的繁荣背后是重重危机。

张勇在如今一片风光的海底捞背后皱着眉头，会不会是杞人忧天？对于张勇的担忧，最有力的佐证就是管理日常事务的杨小丽的话：“当海底捞要变大的时候，就会出现严重的危机，难怪张大哥经常说他感到危机四伏。”

2004年，当时海底捞在全国还只有8家门店的时候，就出现了张勇所担忧的情况：高层到基层传递效率递减，店与店之间差别大，尤其是一些“山高皇帝远”的地方。这一年的阴历腊月二十八，杨小丽接到张勇的电话，让她去负责郑州大区的工作，当时郑州大区是海底捞的主要经营区，有两个分店。

雷厉风行的杨小丽一天后就赶到了郑州，后来她这样回忆当年的情形：“我到了郑州之后，先去店里看，第一感觉是员工有些懒散，没有一点主动意识和团队精神。”第二天在郑州二店的考察，让杨小丽多年后都记得一位斜挂衣服，嘴叼烟的大堂领班。当天可是大年三十啊，可是整个二店依然是慢慢悠悠，一片散漫的气息，毫无生气。

如今人们习惯在年初一出去吃个团圆饭，大年初一可说是每家餐馆必争的日子。可海底捞郑州店的员工再次让杨小丽目瞪口呆：早上9点半上班，没有一个员工因为当天是大年初一而早来做准备，全都是挨到9点半来，然后开始慢吞吞地打扫卫生。等到中午客人上座之后，卫生问题依然没有彻底解决，效率何其低。一个分店有200多名员工，竟然连打扫卫生都花费几个小时。

问题当然最后被杨小丽解决了，不过要知道当时海底捞只有8家分店，而如今海底捞在国内就有86家分店，还不包括海外的分店。从这一点看，也难怪张勇一直感觉危机四伏，张勇的那一番话也并不完全是危言耸听，自己吓唬自己。

随着海底捞逐渐壮大，问题也越来越多，这其中不仅包含海底捞内部问题，张勇也遇到了一些棘手的外部问题，比如一些餐饮企业利用和政府的关系，获得相关方面的优惠政策，逐渐侵蚀海底捞的市场。“内忧外患”之下，张勇更加担心，甚至产生恐惧，总是觉得海底捞随时会垮掉，这也让张勇的精神负担越来越重。为了缓解内心的恐惧，张勇选择上市，目的就是精神提高海底捞的社会影响力和社会地位，获得更多人的投资，将海底捞与股东捆绑在一起，由众人分担海底捞未来的风险。

张勇在海底捞鼎盛时期，依然有忧患意识，这不是他一人所独有，成功的企业家多半一直保有远超普通人的忧患意识。因为缔造商业帝国的企业家们，比别人更清楚大厦的缺陷。

管理大师德鲁克说，明天终归要来，并且一定与今天不同。到那个时候，即使是最强大的公司，如果没有为将来做好充分的准备，也一定会陷入巨大的麻烦之中，甚至会丧失自己的个性和领导地位——遗留下来的不过是维护大公司运转的高昂开支。

管理者的超前忧患意识，在当今市场条件下尤为可贵。我们从众多企业盛极而衰的变迁中可以看出，企业最好的时候，可能就是走下坡路的开始；产品最畅销的时候，往往也是滞销的开端。

美国百事可乐公司是国际著名的大企业，但就是在公司事业如日中天的时候，总经理韦瑟鲁普却开始担心汽水市场将会走下坡路，同业之间的竞争也会变得更加激烈。

如何激发员工的工作积极性，使百事公司的员工们相信，如果他们不拆散这部金钱机器，再重新把它建立起来，百事公司就有可能走向衰亡呢？为此，韦瑟鲁普制造了一场危机。

韦瑟鲁普和销售部经理重新设计了工作方法，重新规定了工作任务，要求年收入增长率必须达到15%，否则企业就会失败，百事可乐公司也将不复存在。

这一要求可能有些危言耸听，但也在一定程度上反映了市场竞争的激烈程度及由此可能会产生的后果。最终，韦瑟鲁普完成其在公司生涯中一次最艰巨的行动，即被他称为“末日管理”的战略的推行。

百事可乐公司的末日管理法，充分运用了各类资产，使公司的现有设备等得到了最大限度的利用，减少了资金的占用，使得资产的循环周转顺畅起来，一些日常管理的节奏也逐渐加快，公司的经济效益不断地获得提高，事业也蒸蒸日上了。

末日管理的核心是“企业最好的时候往往是下坡路的开始”，要求管理者具有忧患意识，要居优思劣、居安思危、居盈思亏、居胜思败，其目的就是预防危机的到来。海尔总裁张瑞敏曾说过：“没有危机感，其实就有了危机；有了危机感，才能没有危机；在危机感中生存，反而避免了危机。”

德鲁克说，由于企业未能着眼于未来，在变革发生时就不得不承受被新情况搞得措手不及这一巨大风险。这种风险是任何大企业都承受不起而任何小企业都不需要冒的风险。因此，企业管理者有责任以未来的眼光关注企业的战略，从忧患意识上强化战略的预见性和未来性，将危机消灭在萌芽状态。

第八章
星级服务从招服务员抓起

训练和培育是两回事。培训是短期的，而服务无法速成，所以一般企业拉着员工去野外搞两三天的“服务培训”更像是集体郊游，没什么实质效果。

把服务
变成一种意愿

火锅是低技术含量的工作，比如，怎么端菜、点火、开门和打招呼，不需要专业技能，一般人稍加培训都能干;只要愿意干，没有干不好的，关键是愿不愿意。大多数服务员是迫于无奈才选择这个待遇低、地位低、劳动强度大的职业，所以干不好。因此，要想让员工干好这份低技能的工作，关键点不应该放在如何培训员工做这份工作上，而是要放在如何让员工愿意干这份工作上。只要员工愿意干，用心干，你就赢了！

我觉得人心都是肉长的，你对人家好，人家也就对你好；只要想办法让员工把公司当成家，员工就会把心放在顾客身上。

——张勇谈海底捞、员工、顾客三者关系

延伸阅读

海底捞之所以能够成为火锅第一品牌，难以挑剔的服务是最重要的原因。这方面海底捞员工居功至伟。那变戏法似的餐桌清理，舞蹈般的甩面表演，一路小跑的送菜员，等等，无不给顾客留下深刻的印象。人们在享受服务之余，难免好奇张勇是怎样做到让上万名海底捞员工如此富有激情地工作。张勇其实早就给出了答案：像对待家人一样对待员工，员工自然就把海底捞的事当作家事。

可说来简单，这人人都懂的道理，企业家们肯定也早早琢磨透，为何只有海底捞能够做到？恐怕企业家们多是将注意力放在薪水上，以为给足够的薪水就能解决问题。其实薪水只能管住员工的腰包，真正能拴住员工的是感情和心。

海底捞的唯一副总，杨小丽做过的一件事，足以让人们看到海底捞是如何真心对待员工的。1999 年，海底捞在西安开了第一家分店，年仅 21 岁的杨小丽全权负责。在杨小丽的经营下，海底捞的生意越来越好，可麻烦也随之而来。

开餐馆的人都知道，难免会遇到喝了酒耍酒疯的顾客，打架更是时有发生。一天，西安店也遇到了这样的 3 位顾客，正所谓酒壮怂人胆，三杯酒下肚，3 位顾客竟然开始辱骂男服务员，内容无非就是服务不好之类的。服务员自然是连连认错，笑脸赔不是。这 3 位却依然满口污言秽语地骂，员工们只好把气憋在肚子里，杨小丽也无可奈何。

三人得寸进尺，竟然对两位女服务员动手动脚，自然被女服务员斥责，三人恼羞成怒之下动手打女服务员。3 个男人竟然借酒打两个弱女子，是可忍孰不可忍，杨小丽一声令下，男员工们再也按捺不住，上去逮住三人猛揍一顿。事情到了这里，显然还没结束，三人不服气，开始打电话叫一些道上的大哥小弟，呼啦啦不一会儿，来了两辆卡车，下来 60 多个手持棍棒的彪形大汉，一个个凶神恶煞，一副不把店砸碎不罢休的神态。

杨小丽也二话不说，抡起袖子，抄起厨房的厨具，带上店里的 100 多名员工，与一帮恶汉对峙。男员工们全部站在前面，女员工们殿后，杨小丽一人站在中间。平时温文尔雅的杨小丽，为了海底捞的员工也怒发冲冠了一回。面对随时可能爆发的上百人乱战，杨小丽忘记了害怕，心里只想着绝对不能让员工受到欺负。对面的恶汉也傻眼了，正所谓光脚不怕穿鞋的，恶汉再凶，看见这杀气腾腾的一帮小姑娘、小伙子，愣是没敢过马路。最后在警察来了以后，这事才算了结，从那以后，西安再没人敢到海底捞闹事，都知道海底捞的员工个个团结不怕事，硬得像块钢板。

在终身雇佣成为历史的今天，员工对企业的忠诚度和依赖度大幅度降低。如何在新的环境下吸引人才、留住人才？稻盛先生的经营管理经验可以帮助我们解决这个问题。他的经验是：领导者对待下属要有关爱之心，只有真诚关心和爱护下属，真心为下属解决工作和生活上的困难，用心培养、教育和塑造下属，使他们获得发展的能力、素质，为他们的成长发展创造良好的外部环境，提供施展才华的舞台，才能获得下属的充分信任和忠诚。

对待员工要有博爱包容的胸怀和心态。我们的先人也有同样的思想，在《孙子兵法》中有“视卒如爱子”，用到今天企业的管理上，就是对待下属员工要像对待自己的孩子一样，以爱心、真心、热心和宽心感动他人，为员工谋利益，给人安全感、归宿感以获取良好的人缘关系。

管理者应定期与下属讨论绩效改进和个人能力提升计划，真诚地指导下属存在的问题以及努力的方向，使下属不断进步；还有让员工在工作中获得知识的累积，这比单纯获得金钱更有吸引力。因为员工总是想让钱变得更多，而只有知识才能带来更多的钱，当员工感到自己在工作中提高了水平，有赚更多钱的信心和能力时，他们对企业的感激才会是发自内心的。只有这样，才能激励员工为企业发展努力，并赢得员工忠诚度。

鲜花摆在适当的地方才能发出迷人的芳香，活着时把关爱传递给别人才能快乐。在平凡的生活中找到生命的意义，这是一门很重要的功课。人与人需要这样的情感纽带，企业领导者与员工之间也是一样。

曾经有成功的企业管理者说过，爱心是企业激发员工创造力的成本最低的最有效途径。所以，现今很多企业领导人都开始用关心下属，让员工和下属感动，以一颗真诚的心对待员工。这样就使得这些员工自然把企业当成自己的家，信任并且为企业努力创造价值。

对待员工要有关爱之心，因为拥有关爱之心的人，能得到他人的爱戴。领导者要真诚地关心、爱护、激励、鼓舞员工，表现出亲切、自然的态度，使得员工与你交往时不必费神就能与你愉快相处，你才能得到他们的支持和信任。

如果每个领导人都能够发自内心和蔼对待员工，以一颗宽容慈爱之心对待他们，关心员工的职业发展，在生活上提供帮助，解决他们的疑难问题，就会唤起大家的工作热情，创造激情，营造出相互友爱的良好环境。

服务是手段，关心是本能

一个无法回避的事实是，我们绝大多数员工来自农村，他们有一个共同的特征就是没有受到良好的教育，因此不可能像公务员和白领那样过上体面的生活。在陌生的城市，他们几乎没有任何有效的方法受到这个社会的尊敬。为什么这样？这一切怪谁？我们可以改变吗？

因此，我们必须有一个组织来帮助和关心我们基层员工的成长，这个组织就是我们的工会。每一个工会会员都必须明白一个基本道理，我们不是在执行公司命令去关心员工，而是真正意识到我们都是人，每个人都需要关心与被关心，而这个关心基于一种信念，这就是“人生而平等”。

——张勇在成立海底捞工会时的讲话

延伸阅读

海底捞的大部分员工都来自农村，没上过大学，但当海底捞开到第十一家店的时候，招待的顾客已经达到300万。不需要学历证，高上座率就是海底捞员工最好的成绩单，足以证明这里大部分人都是勤奋和优秀的。

张勇看到这份成绩单后，决定将这些优秀的同事组织起来，让他们去给身边更多的人带来影响，留在这里好好工作。海底捞的员工从农村来，没有多少教育背景，但是他们也渴望被尊重和关心。要想得到社会的尊重，要么去考名牌大学，过上体面的生活，要么靠自己的智慧和汗水拼出一片天地。张勇不希望自己的员工一辈子只能在社会的最底层待着，不希望员工的后代世代重复这样的命运，所以他要建立一个组织，一个给基层员工带来关心、帮助和成长的组织。

2006年，张勇成立海底捞工会，他说工会是海底捞的先进组织，集合的是海底捞最优秀的一批人。工会的工作就是关心和帮助同事，在他们头疼脑热时关心和慰问是最基本的，更为重要的是给员工提供一个可以改变命运的通道。方法就是想尽办法拼尽力气让海底捞的人气更旺，海底捞规模一大就能有更多的分店，也就能给更多的人提供工作岗位，更多的人的生活因此变得更好，这是一种真正意义上的关心。

工会会员还负责培养员工的兴趣爱好。一次，有一位外国客人到海底捞就餐，其中一个服务员竟然用标准的英语和他攀谈起来，从客人的脸上就能看出他对服务很满意。工会得知此事，专门在公司举办了一次英语口语比赛，为表现优秀的员工聘请外教老师。

在海底捞，谁才有资格加入工会呢？首先要符合张勇说的最重要的条件——一个真正善良的人，要心甘情愿地为大家做事，不怕烦琐，真正将关心员工作为一件伟大的事情去做。如果想要加入工会，却不能理解这一点，张勇坚决不会同意他进入，即使因为一时疏忽让不符合这样条件的人进入了工会，张勇也会想办法将他找出来踢出去。

海底捞工会里的每个人对员工的关心都不是出于服从命令，而是从心底里认识到不管是谁，首先是个人，他需要关心别人和被别人关心。工会的这种理念也是张勇的生活信念，那就是“人生而平等”。

张勇经常在海底捞的内刊上提到这句话，很多员工也跟着老板学会了这句话，可以说“人生而平等”改变了张勇的人生观，也改变了很多员工的命运。

在同龄人仍沉溺于清新格调的青春文学时，张勇已经对社会和世界有了独立的思考和判断，特别是对于人的思考。后来有人问他，读了这么多书，最大的影响是什么，张勇回答说上天赋予了每个人“平等的人权和尊严”。

“人生而平等”是哲学家卢梭的名言，美国的《独立宣言》中也出现过。张勇一直将这一点作为经营海底捞和工会的信念——所有的人都是平等的，平等地享有关心和被关心的权利。

Business Develop

不管是没读过一天书的农民，还是受过高等教育的学者，不管是海底捞里的服务员，还是教书育人的老师，在希望被尊重和关心这一点上，都是一样的。依照心理学家马斯洛的需要层次理论来说，关心和被关心都是我们很重要的需要。好的管理者就是在满足员工的这种需求的同时达到好的管理效果。

1. 薪酬本身不是解决问题的方法

员工付出劳动，就要得到相应合理的报酬，但这并不意味着你必须支付同行业中的最高工资来求得员工的忠诚。担任波士顿教会医院人力资源部高级副总裁的劳拉·阿瓦奇安说：“了解薪酬福利的基础，更为重要。关键是要让员工认识和了解薪酬的决定过程，并且欢迎他们随时质询。”

2. 做员工的伯乐

好的管理者就是员工的伯乐。每个员工都有自己的长处，每个员工都需要发挥自己的能力。如果能够将员工安排到合适的岗位上，员工将会更加努力地工作，以报答知遇之恩，工作效率自然也会大大提高。

3. 从细节方面关心员工

从一些小事着手，对员工进行关怀，会更富人情味，更能打动人心。比如，为员工庆祝生日、经常关心员工的身体状况、关心员工的生活等，对员工进行感情投资，建立亲密的感情，能够有效地消除员工心中的担心和疑虑，使他们更愿意在工作中发挥积极性和潜能。

4. 威胁和强迫收效甚微，要让员工参与民主管理

员工都希望对管理事务有知情权、参与权、商量权和决定权，员工在参与民主管理过程中会有一种归属感和成就感。管理层要创造条件让员工参与民主管理和经营决策，在制度、考核办法的制定，重大事项出台以及涉及大部分员工切身利益的事务等方面，多让员工参与，听取员工意见，采纳员工建议，撷取员工智慧，使员工在民主管理参政议政的“锻炼”中，强化主人翁意识，促进换位思考，增强责任心和进取心，培养全局观念、大局意识，促进其成长。

关注员工的心理压力，提高其“心理免疫力”。管理层要关心员工的“心理环境”，重视员工的压力管理，把广大员工的冷暖甘苦挂在心上，在优化业务流程、减少操作环节、减轻员工负担上多做文章，在帮助员工解决生活中的困难上多下功夫，在调整员工心态方面多花心思。

通过疏导员工的压力，如主动找员工交流沟通、帮助解惑释疑、举办健康知识讲座、组织开展文体活动等，使员工缓解紧张情绪，学会“降压下火”，提高“心理免疫力”，健康快乐地投入工作。

5. 创建良好的企业文化

越多的企业领导认识到：企业不能只靠高薪，还要用感情和文化来吸引人、留住人。员工在充满人情味的环境里会有一种归属感，从而全身心地投入工作。员工凭什么为你的企业不遗余力地工作，靠的就是有发展前景和富有人情味的企业文化，靠的是一种安全感和归属感。

为企业注入一些温情，让管理多一些人情味，无疑会赢得员工对企业的认同感和忠诚度。营造一个温暖和谐的企业氛围是现代企业管理的一个重要方向。

一个企业就是一个群体的集合，群体中的每个人都会有不同的思想、不同的行为方式。有不同就会有矛盾和冲突，就会出现不和谐。这个时候，领导应站在全局的立场，调解各种矛盾，消除各种隔阂，平衡各种关系，从而创造一个融洽的企业环境，使全体员工上下同心。

良心向善遮百短

如果一个领导者很公正，有责任心、善心和爱心，那你的队伍一定能带好。你说我理想主义，是因为我没办法，我必须通过这种理想、责任感，尽量遏制他们的私心。

海底捞一直在坚持一种平等主义，海底捞的所有店长、小区经理都来自企业的底层，很少有空降的。不是我们不愿意外聘，也不是说外聘的人不优秀，因为职位就那么多，如果都外聘的话，那么双手改变命运就变成了一句空话。至于培养人过程当中造成的损失，对企业来讲是值得的。坦率地说我愿意叫底层的员工“小孩”，但是这些小孩很可爱，有的时候我也会骂他们，有时候他们也会做出一些哭笑不得的事情。人管人是难，如果选的人符合向善的标准基本上就不会错。海底捞提拔干部有一个重要的原则，就是看这个人是不是与人为善。

不管是日本也好，还是中国也好，不管是古代也好还是现代也好，我们千百年追寻的价值观，经过历史的检验，在海底捞也不能变。诚信、善良、正直，这些都要坚持。

成功没什么秘密可言，就是要把我们千百年来提倡的诚实经营、优质服务落到实处。

海底捞做这么多年，其实就是秉承四知原则，做事凭良心！不论是对员工，还是对顾客。

——张勇谈与人为善

延伸阅读

张勇希望把海底捞打造成一个平台，站在这里的人们可以生活得更好。但海底捞选人并不是没有标准，张勇的选人原则是能吃苦的好人。他特别提到不孝顺的人不能要，对家庭不忠诚的人不能要，因为一个连父母都不管的人是非常自私的，那肯定会计较工作中的事情，就不能与人为善。

海底捞员工入职前都要宣誓，其中有一句是“我愿意真诚，因为我需要问心无愧”。无愧于自己，无愧于别人，与人为善，这是海底捞员工的基本要求，同时也是张勇选拔干部的重要标准。

在海底捞成名之后，有人采访张勇，问他认为自己成功的最根本原因是什么，张勇想了想说，也许是因为比较善良吧。与人为善是除了工资之外，张勇在创业之初能给员工最好的福利。

在海底捞还很小的时候，张勇到简阳店巡店，发现一个女服务员躲在角落里哭，他走上去，问她发生了什么事情。

女孩一边抽泣着，一边说出了自己的困难——家里从信用社借的钱还不上了，到期不还家里养的几头猪就会被人弄走。女孩年纪轻轻的，哪遇到过这么大的事情，事儿还没来就已经吓破了胆，哭得已经不像样子了。

张勇马上拿了几千块钱给她，让她快去把钱还了，其他事情以后再说。除了满脸的感激，女孩没有说别的。善良是获得信任的最简单的方式，张勇这时候根本想不到，这件事竟给海底捞留住和培养了一员大将。这个女孩就是杨小丽。

杨小丽一直把张勇对她的帮助放在心里，用加倍努力的工作来回报张勇的善良，直到之后成为海底捞不能缺少的顶梁柱。当海底捞越做越大，管理层纷纷纷效仿张勇，比着对员工好。

但是，在选拔干部时，张勇看的绝对不是表面的和善，而是真正能够对员工友好的品质。群众的眼睛是雪亮的，他们能够区分真正的好和伪装的好。曾经有一位店长一发工资就会请员工吃一顿，也经常去慰问生病的员工，但是，最后总部调查时，这位店长的得分并不高。这说明他只是将与人为善作为一种纪律和工作要求，而没有真的从内心里发善心。

在2010年稻盛和夫经营哲学国际论坛上，他讲了这件事，并且说，国家的事情他管不了，但是海底捞的事他要管，他要“创造一个彼此信任、诚实、善良的团队”。

与人为善不但是张勇选员工、选干部的标准，也是对待顾客的原则，做事凭良心，一切善为先。

Business Develop

善行必然衍生出另一个善行，善行终会招来善报。这是这个世上最强劲的连锁反应之一。张勇对杨小丽的一个善举，换来了她对海底捞的忠诚与全力付出，之后受杨小丽影响的又何止一人呢？

所以，张勇不但把善良作为对海底捞员工的基本要求，更作为选拔干部的重要标准，干部比普通员工有更强的影响力，其品质也很容易被模仿和传播。从经济管理的角度来看，企业领导者需要做到在以下方面的“善”。

1. 以德御人

唯有领导者深明大义，才能使下属受到教诲。下属的道德熏染，除受其群体环境的影响以外，主要的就是受其领导者的思想的熏染。所以，领导者特别要注意自身的道德修养，特别要注意自己的一言一行，切记不可为下属提供恶劣的道德“榜样”。

领导者的威信来源于高尚的品德。领导者具有高尚的品德，下属就会对他产生敬爱感，就会从内心里拥护他，自觉地跟他走，他在下属中就有了较高的威信。人们常说的“德高望重”，就是这个意思。日本的经营之神、著名企业家松下幸之助说过，一位经营者，不需要是万能的，但必须是一位品格高尚的人，因为后者往往更能吸引人才。

领导者应该永远开诚布公，公正、正直和光明正大。如果领导者赢得了这种声誉，那么，他的大多数员工将会以同样的态度做出反应，部门下属也将公平、正直地对待他的上司，在所有交往中都光明正大。

2. 以德为引

教化下属，树立良好的道德思想，不仅要重视领导者自身的道德修养，而且在日常工作中，每遇到大事，都要让与人为善先行。

首先，一个组织有多项事业，一项事业有多种工作。事业不同，品德作风要求也不同；同样，品德作风要求不同，事情结果可能也不同，所以，不同的企业不宜用统一的品德作风标准去要求不同的事情。作为管理者，在每一项较大的工作布置之前、提出各项要求的时候，最好同时提出恰当的品德作风要求。

其次，挑选人才，合理使用，这是事业成功的重要步骤。

最后，不同的职业有不同的道德认识、道德情感和道德要求。因此，必须根据不同的职业进行不同的职业道德教育。职业道德是在一定职业范围内的特殊道德要求，是人们在本职工作中必须遵循的行为规范。对员工进行职业道德教育，有利于帮助员工形成良好的职业行为和习惯，对其自我完善有着重要的作用；有利于协调组织内部的相互关系，树立良好的风貌，造就一种相互关心、相互爱护、安定团结、奋发上进的企业环境。

进行职业道德教育，一般来说，应从实际出发，注意教育的层次性和广泛性；要增进员工相互理解，传递道德情感共鸣；要教育员工树立正确的义利观；要正确处理职业道德教育与其他工作的关系；要明确提出各种职业道德的规范化、制度化的要求以及贯彻道德教育的知行统一的原则，等等。

“骂文化”：扛骂也是一种服务能力

我们的优点是愿意挨骂，缺点是不会辩解。

——海底捞员工谈张勇对下属的责骂

延伸阅读

外人都知道海底捞“双手改变命运”的企业文化，却不知道他们内部还有一个责骂文化。在海底捞，责骂被看作是一种重视，也是进步的一种动力。其实，没有谁愿意被骂，那责骂为何在海底捞能够成为一种文化，这和当家人张勇的脾气是有关系的。

工作时间，张勇不会收敛自己的“坏脾气”，前一秒他还谈笑风生，下一秒看到不入他眼的事儿，他的脾气噌的就上来了，不管你是谁，不管在什么地方。

有一天，一名海底捞员工夹菜时不稳当，菜掉在了餐桌上，他没有捡起来而是继续吃饭，这一幕刚好被也在食堂吃饭的张勇看到了。张勇什么也没说，走过去夹起掉在桌子上的菜吃掉了，就在这名员工惊得目瞪口呆的时候，张勇一把拿走了这名员工没吃完的饭。

海底捞的管理层也经常在张勇巡店的过程中挨他的骂，公司越做越大，也越来越正规，管理制度和流程也必然会不断增加，前期不符合制度的事情也就越来越突显。只要看到不满意的地方，张勇就会发作，就连北京大区经理袁华强，也对张勇的责骂十分忌惮。

不过，最经常被骂的当然是和张勇接触最多的人，海底捞唯一的副总杨小丽。有一年，张勇组织海底捞的高管到高原上旅行，众人都陶醉在美景之中，非常放松，杨小丽也特别开心，顺手就从道旁摘了一把小花。没想到，这束花就成了点燃张勇暴脾气的导火索。

“高原上这么冷，环境这么不好，这些花长起来容易吗，轻易就被你给毁了。这么不珍惜生命，素质真是太低了。”一路上，张勇一直在叨叨这些话，杨小丽在高管面前哭了一路。所有人都不吱声了，旅行的好心情也瞬间消失了。张勇终于意识到自己过分了，走上前去又把杨小丽逗乐了。

人非圣贤，孰能无过。张勇有时候也会骂错了、冤枉了杨小丽，又或者骂过分了，这时他就会及时地采取补救措施，比如给杨小丽送上一箱她最爱的冰淇淋，或者安排个杨小丽的闺密同事去开导开导她。

即使是没有机会见面，张勇在总部得知某位高管出了错，也会让他到总部，给他讲讲问题；犯了错的管理者要自掏腰包飞到总部，食宿和喝咖啡的钱也要自己出，这被张勇称为“喝咖啡制度”。

如今，责骂已经成了海底捞的一种文化，这也培养了海底捞管理层一个共有的优点，就是愿意挨骂，而他们的“缺点”是在挨骂时不会辩解。从这句话就能看出，在员工心中，挨骂不要紧，关键是要骂得对，他们才服气，拿捏住分寸才能真正起到作用。

Business Develop

人无完人，金无足赤，再优秀的员工也会有犯错误的时候，现代企业倡导人性化的管理方式，但并不是说不能批评。人被批评后都会难受，这就是一种惩罚，从心理学上讲，惩罚是消除一种不被允许的行为的方法。作为企业管理者，批评并不是问题，关键是什么时候骂，对什么样的人骂，骂的方法是什么。

在实施批评过程中，管理者首先要做到的事情是肯定员工所做的事情中好的部分。也就是说，在批评之前先进行表扬和肯定。美国著名企业家玫琳·凯就采取了“先表扬，后批评，再表扬”的做法。比方说，有的人遇到一件事情，事情做得不够好，大多数情况下，直接去批评的话效果一定不好，那你要先使用赞美，然后使用小小的批评，最后再去赞美。

其次要明确、直接和客观地指出他的不足或错误。管理者在批评员工时一定要尊重客观事实，我们批评的是错误的行为，而不是针对个人，请记住批评应对事不对人。批评要尽可能以友好的方式结束，管理者可以进行鼓励或提出希望，微笑着说“我相信你会做得更好”或者“我期待看到你在工作上有更出色的表现”等。

批评的功能是促使下属进步，所以在批评实施过程中要注意人的培养。成长性是个人在组织中追求的一个目标。教并且让他成长，能够得到对他的最大激励。这种境界的提高，往往能够消除员工受到批评以后的不良情绪，反而让他动力更足。 管理者切记不要将批评当作个人情绪的发泄。如果仅仅是不满情绪的发泄，那么这个批评的实施将会毫无意义。因为你不能通过批评得到什么，反而会不利于将来工作的开展。在批评手下的时候，一定要明白，下属本来就不如你。他们可能在某些方面比你出色，但从整体来说，还是比不上你，比如资源和经验不足等。在批评实施过程中，要对下属的错误有所宽容，并不是任何错误都需要严厉批评。

管理者应掌握的四大批评技巧是：

1. 批评要秘密进行。当众批评会增加员工的心理负担。正确的做法是和他单独交谈，让他体会到管理者对他的关怀，进而使他愿意正视自己的问题与错误。但并不是所有的批评都要秘密进行，当一个错误出现时，其他人在未来工作中有极大可能重复犯错时，需要公开批评，以起到警示作用。

2. 批评要直接。管理者常见的批评误区是力求自己的批评之词尽可能委婉。

许多管理者因为担心被员工视为尖酸刻薄的主管，因而在批评员工时，总会再三斟酌用词，希望让批评的话语较不具杀伤力。事实上正是因为用词委婉，批评的效果才大打折扣。正确的做法是应就实际情况，提出具体而正确的做法。

3. 批评要当面。人后不说闲话，批评也是如此，对下属的批评，一定要当面指出。这样管理者的意见和态度，才能让下属非常清楚地了解，同时也有助于彼此交换意见。如果在背后进行批评，很容易引起误解，不仅有损领导自身形象，而且还会激发新的矛盾。

4. 批评时要恰当用词。恰当用词表现在两个方面：一是不要使用戏谑言词，管理者以严肃的态度予以批评时，反而较容易为员工所接受。如果管理者使用戏谑的口吻，很容易会被下属误解为讽刺；二是不要冷言冷语地批评，管理者不要讽刺挖苦、污辱人格或骂人，也不能嘲笑对方的生理缺陷，否则批评不仅没有成效，反而会适得其反。

自由服务：
让员工去做决定

用人不疑，疑人不用，我充分相信他们。他们谈不下来的合同，我也谈不下来。

在财务上，我充分授权，没有资金需要我审批，财务总监就是最后一道坎。用人不疑疑人不用，这是我的原则。海底捞每年要花 10 个亿出去，平均每天的资金吞吐量有多大？我如果事必躬亲，会累死的。在海底捞公司，从管理层到普通员工，都拥有超过一般餐饮店员工所能得到的权力：200 万以下的开支，副总可以签字；100 万以下的开支，大区经理可以审批；而 30 万元以下的开支，各个分店的店长就可以做主。就连普通的一线员工也有一定权限：他们可以赠送水果盘或者零食；如果客人提出不满，他们还可以直接打折，甚至免单。

——张勇谈用人

延伸阅读

IDG 创业投资基金的人曾经找张勇谈投资的事情，却遇上了从来没遇到过的事情。对海底捞很多内部具体情况，张勇一问三不知。

张勇说的是真的，海底捞具体事务的决定权分散在每个管理层手中，甚至是开新店这样的事情也不例外。在北京和上海，海底捞每开一家新店，租房合同都要持续10年，其中房租在3000万左右，装修在1000万左右，还没算其他费用。但是，这么一笔巨款，张勇从来不会过问，而是全权交给北京和上海的区域经理，区域经理只需要将谈判的结果报告给张勇就可以。

当有人问他怎么可以对手下这么放心时，张勇回答说，用人不疑，我相信他们，如果合同他们谈不下来，我去了也一样谈不下来。

在海底捞，30万元以下的找店长签字就可，采购部负责人、工程负责人和小区经理都有权为30万元的单子签字，财务总监、大区经理和副总有权负责100万以下的单子，而张勇只负责百万以上的单子。

海底捞的一线员工相当于其他地方的餐厅经理，有免单和打折的权利，最重要的是上级不会过问。这种人才管理，一方面是基于对人性的信任，另一反面这种“用人不疑，疑人不用”的人才观念能够给他的生活带来很多的快乐。虽说管着这么大的餐饮连锁产业，员工过万，但他不像别的掌门人那样忙东忙西，大部分时间他的生活悠闲而又自在。虽说海底捞在全国许多个城市都有分店，但张勇不会经常全国各地跑，公司的会议他也基本不参加。他喜欢待在家乡简阳，“早晨睡到自然醒，陪陪家人和父母，下午和朋友喝喝茶，玩玩牌，有时也去爬爬山”。

这样的工作生活两不误的方式更加强化了张勇坚持“用人不疑，疑人不用”的人才观念，不把过多的精力内耗在用人问题上，就能拿出更多的时间思考海底捞未来的战略发展。

Business Develop

信任和尊重能给人一种安全感和精神上的特殊鼓励，并由此使人产生一种竭力完成任务的责任心。一般说来，人在受到信赖时就会有快乐和满足的感觉，特别是对那种犯过错误、有过失误的人给予足够的信任，会使其产生受到尊重和信赖的愉悦，从而对社会、对前程充满希望，对生活充满激情，并由此迸发出比平时高出许多的积极性、主动性来。

但是，如果用人半信半疑，则会使人心灰意冷，从而表现出应付或消极的态度，当一天和尚撞一天钟，严重的甚至与管理者消极对抗，或者另谋高就。

一般情况下，有才华的人都有较强的自尊心、自信心、成就感和荣誉感，都有独立处理问题的能力和解决问题的方式。因此，使用这种人才的要诀之一是予以充分信任，让他们在职责范围内独立地处理问题，开展工作。

与用人不疑相反的用人态度就是用人生疑。在许多敌对双方的政治斗争和军事斗争中，三十六计之一的离间计常常被敌对双方推崇、使用，目的在于制造对方内部的相互猜疑和不信任，运用此计谋攻陷城池往往事半功倍。

堡垒是最容易从内部攻破的，一方中计，内部生变，从而不战自溃。一个强大的集体，由于成员对种种流言蜚语缺乏识别的眼力和分析的本领，从而引起彼此的猜忌和矛盾，最终导致组织解体，这种教训是惨重而深刻的。

管理者要做到用人不疑、疑人不用，应该注意以下几点：

第一，要慧眼识英才。选拔人才，必然要独具慧眼，多加考察，充分认识其各方面的素质，综合评估他的能力，给他安排适合的职位。可以说，人才选拔至关重要，它是日后用人不疑的前提与保障。

第二，要给下属自由发挥的空间。因为管理者了解下属、信任下属，才让他担当某一职务，负责某项工作。既然是这样，就应当对下属放心，放手让他去干，除在宏观上指导外，不要随时随地指手画脚，使下属无所适从，完全变成木偶；更不要让下属站在一边“歇凉”，自己去辛辛苦苦做下属应当做的事，这是费力不讨好的愚蠢的做法。

第三，设身处地为下属着想。下属有时会与管理者意见不一致，有时也可能不接受管理者所分派的任务，有时也可能对管理者分派的任务完成得不好。这时千万不要认为下属是不服从管理，是不合作，是没有本事。下属也有思想，也有情绪，也要受到主客观条件的限制，管理者要冷静下来，替下属着想，心平气和地摸清状况后再做决定。

第四，要坦诚待人，表里如一。管理者应与下属时时沟通思想，有话当面交谈，切忌背后乱说下属的怪话、坏话。另外，受管理者信任的人往往遭人嫉妒，是流言蜚语攻击的对象。对于挑拨管理者与受信任者的流言蜚语，管理者更应谨慎对待。

无法刻意服务：心胸决定了你的态度

创立的时候，我们的火锅店只有4张桌子，到后来买下一层楼，是简阳装修最好的餐厅，而且那时我们就用空调了，那是1998年。也是在那年我们做了第二家，我不心疼钱，因为你的心胸决定了你对金钱的态度，对同事的关系。你知道你要做大，如果只是想挣一点钱，你就会怕风险，对于一些冲突，就不会那么坚持。有了很高的心胸，我就会把它（钱）看成一种资源，投下去，这就是个体企业家的精神。当时我有一个理想，一定要到北京，一定要走远。

——张勇谈管理者的心胸

延伸阅读

在张勇看来，钱只是一种资源，一旦投入下去，不管是否取得收益或者回报，都应该拥有足够的心胸去承担这份风险。所以，在别人看来难以容忍的事情，他却一副云淡风轻的姿态。

海底捞入驻北京的时候，张勇派一个主管经理去租店面。主管经理在租第一个房子的时候中了别人的圈套，被骗了300万，当时他急得寝食难安，甚至想找人绑架那个骗子团伙。听说此事后的张勇没有恼怒，甚至没有责怪他，反而鼓励他道："你们就值300万？马上干正事吧。"300万，这可是当时海底捞账上的全部现金，但是张勇看得很轻，他事后坦言："我真不怨他。因为我去租，不也要受骗吗！"这样的胸襟，可以说是今天的很多管理者缺乏的。

还有一次，海底捞租了一个房子准备用来开设新店。但是，那个房子没有客梯，只有货梯。为了节省成本，工程部长决定将货梯进行改装，因为新建一个客梯的开支太高了。但是，花费十几万改造后的货梯出现了问题，载人的时候总是往下掉。于是，工程部长第二次对货梯进行改装。两次改装历时两个月，共耗费20多万，但是依然无法像客梯一样正常工作，最终不得不拆掉重新安装。如此费时费力费钱的事情，大概很少有人能做到心平气和地对待吧。但是，张勇表现得很冷静，也没有去追究这位"大费周章"的工程部长的责任。他给出的理由是："他的出发点是为了省钱，又不是为了搞垮海底捞或者贪污。"

Business Develop

张勇从来不会计较当下的损益，也不会过分追逐短期的利润，只要出发点是为了海底捞更好地发展，不论结果是得还是失，他都会鼓励。这和稻盛和夫的观念不谋而合："不要追逐利润，要让利润跟着你跑。利润无法通过追逐得来。只有持续增加收入、减少支出，才是企业获得利润的根本途径。"

不要追逐利润，意思是企业不能只是一味地追求利润的增长，要在追求企业发展的道路上始终坚持企业赖以发展的基本原则，要承担社会责任。著名管理学家德鲁克曾说："企业目标唯一有效的定义就是创造顾客。"他的意思是：企业如果只是追着利润跑的话，不仅会使企业领导人迷失方向，而且还会造成经营文化氛围的混乱，甚至有时候还会失去员工的信任，以至于危及企业的生存。

在创业初期，如果急功近利，是很难做成大事的。正如西乡隆盛所："草创之始，华屋、锦服、美妾、谋财，维新之功业终难成也。"西乡代表的是日本中下层武士，他曾对部下说："贪功乃战者之毙命弱点，为将帅者尤当以全场之胜利为要，余者皆为此目标辅从。”

由此可见，成大事的人必须具备这样的品质：要有能够担当大任的能力，要抵挡得住来自各方的诱惑，同时还要能放下个人的利益要求，若一味纵欲营私，不能克制和砥砺艰难，则很难做成大事。

然而，现在的一些创业者做事只图眼前利益，而不会为长远打算。他们认为自己的行为更注重现实，而实际上是将未来的发展与成功的机遇断送了。若是被眼前利益的绚烂蒙蔽双眼，宁愿低头享受那片刻的欢愉，也不肯抬起头望向远方，那么最终会陷入庸人自扰的无边烦恼。

如果制订出科学合理的计划，就能提醒自己将目光放得长远一些，放弃一时小利、顶住一时诱惑，为更高的目标积蓄力量，同时还能帮助自己集中精力，发挥出最高的效率。需要注意的是，罗马不是一天建成的，理想也不是在短期内就能实现的。若要在目标执行过程中放下功利主义和各种诱惑带来的困扰，创业者可从以下几方面着手：

1. 对理想做分割计划

如果暂时无法实现最终计划，不妨设定一个较小、较易实现的计划，并竭力工作直到计划实现。举例来说，找出更快、更有效率的方法来完成每天的例行工作，或者是趁自己精力旺盛的时候优先选做最难的工作，简单的则稍后解决，许多小的成功终会带来更大的成就。

2. 获得信仰

短暂的目标很难作为持久奋斗的支撑力，但把目标升华为信仰就大为不同了。举例来说，只为薪水而工作的人可能会因为一时的高薪而忽略自己长远的发展，而为事业工作的人则会真正懂得工作的意义与价值，从而取得属于自己的成功。

3. 专注于一个明确的目标

挖十口井不如挖一口井，如果一件事已经坚持一段时间但还没有成功，不妨再努力一下。

第九章
海底捞“家法”：自由与约束并存

海底捞的规矩是：一般的都不管，要管的都不一般。

干部
当然可以出去创业

就像你说你的企业是公正的，但具体到高管要出去开个火锅店你就不干了，那不是瞎掰吗？

首先你们现在站在公司立场上，当有一天你要走了就不会这么想；第二，你想一个人在海底捞干了很多年好不容易干到高管，现在要走了，他不干火锅能干什么？其他的他都不会干。为什么非要去堵他这条路？也许法律上确实该禁止，但干火锅的那么多你不去竞争，干什么非要和自己人竞争？

——张勇谈干部创业

延伸阅读

海底捞设立了一个总经理办公会，由 7 个部门领导组成。若是 7 人中有谁要离开公司，张勇会给对方 800 万的“辛苦费”。这听起来有些惊人，而且令人匪夷所思的是：800 万刚好是开设一家海底捞新店的费用。在张勇看来，总经理办的高管们在海底捞劳碌了半辈子，离开海底捞以后的唯一生路大概也是做火锅生意。张勇似乎有意让高管“出走”。

张勇的弟弟曾经也是海底捞的成员。他退伍后加入海底捞，凭着自己的努力一步一步从最基层的一线服务员晋升为总经理办公会成员之一。但是，一直怀着创业梦想的他，希望能拥有一家自己的餐厅。在海底捞的一次总经理办会议中，他对张勇说："我想享受 800 万的补贴。"这遭到其他高管的集体反对。然而，张勇最后选择支持他，按照规定付了 800 万的离职费，甚至还分担了 50% 的税费。

在海底捞还有一条不成文的规定：店长做满一年离职，给 8 万元；小区经理离职，给 20 万元；大区经理离职，给 800 万元。这些优秀的海底捞员工，凭着长期积累的火锅店经验，自己创业肯定是没有问题的，说不定收入会更高。然而，这个规定并没有让海底捞的骨干纷纷出走，他们中的绝大部分坚持留在海底捞，觉得在这里发展更好。纵然张勇的政策鼓励干部自己创业，但是海底捞的功臣们并没有选择抛弃老东家。

Business Develop

很难想象会有管理者像张勇一样鼓励下属出走，成为自己的竞争对手。而张勇打破常规的大胆尝试，却取得了"欲擒故纵"的效果，绝大部分的下属都成了海底捞忠诚的老员工。

很多人更习惯于因循守旧，而不是大胆地尝试，由此错失许多超越的机会和可能。置身于这样一个竞争激烈，又充满挑战的社会，固守常规的心态已无法适应社会的需求，所以不论何事，创业者都需要一个大胆敏锐、勇于尝试的心态，向自己挑战，努力追求更好的业绩。而在尝试的过程中需要保持足够的自信心。不管面临的困难有多大，要相信自己有能力克服困难，战胜挫折。愿望本身就是你潜藏着使愿望变成现实的能力的证据，而实现愿望的第一步就是大胆地去尝试。

好的机会总是青睐那些大胆并充满奇思妙想的人，而他们大胆的行为后面也总是伴随着承担一切后果的勇气，积极地尝试，所以他们才会得到自己想要得到的东西。

日本大都不动产公司创始人渡边正雄就是其中的杰出代表。在创业之初，有人向渡边推荐土地，那是一块有几百万平方米、价格便宜的土地，当时人迹罕至，没有道路，没有公共设施，但这块土地与天皇御用地邻近，能让人感觉好像与帝王生活在同一环境里，能提高个人的身份，满足自尊心。

但这块地向所有的地产公司推销过，没人愿意买。渡边倾力筹借资金，先付部分押金果断地把地买了下来。同行们都嘲笑他是傻瓜，亲戚朋友也为他的冒险担心。渡边毫不介意，而是紧紧地抓住这个机会不放。

战后的日本经济迅速发展，人们的收入增加，大家逐步对城市的噪音和污染感到厌恶，对大自然开始羡慕。渡边买下的这块山地充满了泥土的气息，逐渐有人感兴趣了。渡边乘势在报刊上宣传那里优美环境，吸引一些富裕人士前往订购别墅和果园。一些经营耕作的庄稼人，看到那里有民房出租和有耕地租用，也纷纷前来定居和种植蔬菜果树。

用了一年左右的时间，渡边就把这块几百万平方米的山地卖掉了八成，赚了 50 亿日元。他利用赚来的钱投资修建道路、整地，并将剩下的二成土地盖成一栋栋别墅。经过 3 年时间，那块山地变成了一个漂亮的别墅小区，渡边所赚的钱也达到了数百亿日元之多。

渡边在总结自己的成功经验时说："我之所以能成功，是因为我敢于冒险。我在选择一个投资项目时，如果别人都说可行，这就不是机会——别人都能看见的机会不是机会。我每次选择的都是别人说不行的项目，只有别人还没有发现而你发现的机会才是黄金机会，尽管这样做冒险，但不冒险就没有赢，只要有 50% 的希望就值得冒险。"

在现代公司里，一个人的才华和能力，只有通过冒险，渡过一道道难关才能锻炼和展现出来。而安于现状、不思进取、没有危机感、不愿参与竞争和拼搏的人，他得到的奖赏不是成功，而是彻头彻尾的失败。

敢于冒险，是挑战成功的第一步。敢冒最大风险的人，才能抓住博弈成功的机遇，才能从众多的员工中脱颖而出，才能为自己的事业成功打下牢固的基础，才能进一步实现自己人生最大的价值。

开放的全球化世界中，随机性和偶然性更大，往往变幻莫测，难以捉摸。在如此不确定的环境里，尝试与冒险，从错误中学习成了管理博弈最有意义的一件事情。坚定大胆敏捷、勇于尝试的决心，我们会发现其实每个人都具有取之不竭的智力潜能，会发现生命中潜藏着许多连自己也无法想象的能力。如果不去尝试，这些能力永远也没有机会大放异彩。尝试，是铸造卓越与杰出人生的一种方式，是事业成功的一条重要途径。

提拔
是海底捞的承诺

我们会告诉刚进来的员工，你只要好好干，我们一定会提拔你，这是我们的承诺。

——张勇谈对员工的承诺

延伸阅读

服务行业的工作量很大，很辛苦，作为餐饮行业的领军者，海底捞的工作量更大。每天连续工作 12 个小时对海底捞员工来说是很正常的事情，虽然只是在店里来回地奔跑，但折合成里程数能够达到 10 公里，而且他们的吃饭时间也不固定，需要视顾客的就餐情况而定。不但在体力上有考验，员工在心理上也要承受巨大的压力，不仅要对临时出现的情况做出及时反应，还要忍受偶尔出现的刁钻顾客。与其他店不同的是，海底捞要求服务员在最短的次数内记住顾客的口味和习惯，这对他们的记忆力和专注力也是一种极大的考验。

一天连轴转工作下来，就是机器人也会变得不那么灵活，海底捞的员工却能够每天如一地保持饱满的工作热情和发自内心的微笑。他们的工作和奋斗不是为了下一顿能吃个饱饭，而是为了能有个更好的未来，这种未来是张勇对他们的承诺，是能够看得到摸得着的承诺。

有顾客曾经记录过海底捞的一名擦鞋匠，在海底捞等待座位的时候，一个小个子擦鞋匠主动上来询问是不是需要服务，经过同意，擦鞋匠边擦鞋子边和顾客聊天，就像朋友一样讲他自己的故事。

虽然别人都看不上他做的工作，赚的也不多，他也不是海底捞的正式工，但他一直相信，只要自己干得好，就有机会去做服务员，再去做领班，他甚至给自己规划到了经理。听张勇讲的话和周围人真实的故事，他相信虽然现在的日子不好过，但终有那么一天，他会拥有自己的房子和车子。只要他在海底捞好好奋斗，就一定有个好的未来。

当人们问海底捞的员工为什么这么卖力时，他们说因为“生意好了，我们就好了”；当人们问起张勇怎么把员工培训成这样的，他并不认为这是他培训的结果，只是十几年的海底捞发展事实，让他们“相信海底捞好，他们就好”。

相信凭着自己的双手也能过上好日子，相信没文化没背景也一样能成功，相信终有一天能拥有自己梦想的生活，这就是张勇给海底捞员工承诺的最好的未来。

Business Develop

海底捞每年也有一定的流动率，但只要能够留下来的都对公司有着很高的忠诚度，他们相信自己能在这里为自己拼下一个美好的明天。张勇用承诺一个美好未来的方法留住了万千员工。

企业之间的竞争归根结底是人才的竞争。一个优秀的企业，它最大的优势在于人才，人才作用的发挥首先在于人的忠诚。在这个员工跳槽频繁、缺乏忠诚度的年代，企业中的经理人正在绞尽脑汁地提高员工的忠诚度，以确保企业可以长久平稳地发展。

为了保证员工的忠诚度，企业应该着力避免以下情况：

1. 企业重承诺、轻兑现

如果一个企业缺失信誉，又怎么能让自己的员工有信誉呢？我们在网络上、报纸上、新闻上都可以了解到，其实真正做到这一点的企业很少。很少有员工可以持续留在一个从不兑现承诺的企业，甚至最后的结果与之前的承诺截然相反的话这会使员工对企业越来越不信任，甚至完全失望。企业对员工不忠诚，又如何能要求员工对企业忠诚呢？

2. 薪酬设计不合理，难以彰显公平性

作为一个企业，其宗旨往往是用最少的报酬雇用最优秀的员工，这是无可厚非的，但在目前日益完善的人才市场上，这种可能性不太大。依据我们的调查可以发现，薪酬是员工离职的首要原因，许多员工离职后都反映，如果薪酬可以做到公平公正公开，他们是可以继续留在企业中的。因此，企业不公平的薪酬标准，会使员工慢慢缺失积极性，在工作中怠慢，而怠工的这一部分员工，往往是企业的中坚力量，因为他们多数人是做着同一部门中最苦最累的工作，但付出的与得到的成不了正比，发展下去的后果势必是员工的流失。

3. 员工在企业内缺乏安全感

企业的领导不要经常将“你要是不做,还有大把人抢着做”“你要是做不好，我就炒了你”之类的话挂在嘴边，这样会让员工缺失存在感和安全感。企业应该做到多鼓励员工，而不是仅仅关注业绩。在企业快速发展的同时，也为员工谋取福利、休息的权利。可以最大限度地让员工为企业谋取利益，但不要对员工造成权益上的侵害，过度透支员工的精神和体力，并总以各种各样的话语来伤害员工、胁迫员工，在这样的企业、有这样的领导，员工离职率低那才是怪事。

4. 缺乏完善的用人机制

企业应让每一个员工各司其职，在其能力范围内做好自己的工作，各得其所。采用透明的用人机制，企业和员工将建立起最起码的信任，让员工觉得这个企业需要自己，我的苦和累会有人看到。否则，就会致使员工的忠诚度下降。企业不停地忽视员工的成就，使得怨愤慢慢积累，员工离职也就是迟早的事情了。

5. 沟通渠道不畅通

信息的沟通非常重要，做企业的不知道自己的员工心里有什么意见，有什么需求；员工感受不到今后的发展前景，见不到企业为自己制订个人培训及发展规划，也看不到企业的经营状况，这样持续下去，员工就不再对企业产生信任，他们不能感受到企业对他们的关心，觉得自己所创造出来的价值和成就都不能被人重视，自己只是企业当中一个可有可无的人，员工忠诚度就比较低。

此外，企业要在招聘员工时就为员工的忠诚度打好基础，在聘用员工之前，就和应聘者进行深入的沟通，因为很多时候应聘者与企业之间的信息是单向透明的，企业对员工了解太多，但员工对企业没有深入的认识。

因此，如果企业决定聘用应聘者后，应该将企业的相关情况如实相告，并给他一个再思考、再选择的过程，不要让他进行过多盲目的想象，否则，在他发现现实和预期想象不一样时，会对公司的绩效产生不良的影响。

至察则无徒：
不是所有的内容都要定标准

考核利润没用，利润只是做事的结果，事做不好，利润不可能高；事做好了，利润不可能低。

随着海底捞的管理向流程和制度转变，我们也开始推行绩效考核。结果，有的小区试行对分店进行利润考核，于是就发生扫厕所的扫把都没毛了还用；免费给客人吃的西瓜也不甜了；给客人擦手的手巾也有漏洞了。

为什么？因为选址、装修、菜式、定价和人员工资这些成本大头都由总部定完了，分店对成本的控制空间不大。如果你非要考核利润，基层员工的注意力只能放在这些“芝麻”上。我们及时发现了这个现象，马上就停止对利润指标的考核。其实稍有商业常识的干部和员工，不会不关心成本和利润。你不考核，仅仅是核算，大家都已经很关注了；你再考核，关注必然会过度。

我们不仅不考核各店的利润，我们也不考核营业额和餐饮业经常用的一些 KPI，比如单客消费额等。因为这些指标也是结果性指标。如果一个管理者非要等这些结果出来了，才知道生意好坏，那黄花菜早就凉了。这就等于治理江河污染，你不治污染源，总在下游搞什么检测、过滤、除污泥，有什么用。

——张勇谈考核

延伸阅读

在中国，除了海底捞，应该再难找出第二家不把利润作为考核指标的餐饮企业。因为在张勇看来，利润只是工作好不好最后呈现出的结果，考察这个结果并不能反映出现问题的环节在哪里。特别是餐饮行业，最后的营业额是采购、后勤和前厅等各个部门相互合作的结果。虽说部门之间相互独立，但其间的联系并不能像田里的庄稼那样划分得独立清晰。任何一个环节出现问题，都有可能影响其他环节，这些问题最后就都反映在利润上。

除此以外，利润还和很多客观因素有关，比如店面的位置。店址员工无法决定，店与店之间总会有位置上的优与劣。如果这个店本身处在一个不好的地角，即使员工再努力，业绩也有可能难以超过选址好的店面。因此，如果单纯用营业利润来考察员工，不公平也不科学。

有人说，不考核利润，那就考核成本，毕竟这是其中一个影响利润的可控因素。张勇也曾经这么尝试过，但正如他自己所言，海底捞的店面、工资、菜品定价等大头成本基本都由总部决定，分店能够控制的成本并不多。因此如果就成本进行考核，其结果是店长和员工一门心思想着怎么节省成本，结果菜品不再选中选优，那么客人的就餐体验一定下降。这并不是张勇的臆想，他说过一件现实发生的事情："随着海底捞的管理向流程和制度转变，我们也开始推行绩效考核。结果，有的小区试行对分店进行利润考核，于是就发生扫厕所的扫把都没毛了还用；免费给客人吃的西瓜也不甜了；给客人擦手的手巾也有漏洞了。"

这件事让张勇认识到：公司考核什么，员工就会去关注什么。因此他就此刹车，取消了对利润的考核，将考核指标定为顾客满意度、员工积极性和干部培养 3 个方面。

这 3 个都不是可以定量考核的指标。顾客是不是满意无法在一张问卷上得出真实结论，因此他让小区经理巡店，他通过与员工、店长的谈话和对就餐现场的观察就能够对该店的客人满意度有所了解。

员工的积极性从哪里看？男生的头发长度是不是超出了标准，女生的妆容是不是合格，鞋子是否干净，站在那里是发呆还是积极响应顾客的需要。这些都是上级对于员工积极性考核的标准。

另一个考核标准是培养人才的能力，如果一个管理层培养出的人才都很有能力，那说明他这方面的能力很强，这就是考核标准。

曾经有一个在外企做企业咨询的专业人士，问张勇判断店里生意好坏的指标是什么。张勇回答说没有指标，到店里转一转就能得到答案。那人并不买账，继续问到，那要是开上 1000 家海底捞呢。张勇回答说，那就培养 100 个像我这样的经理。

老板重视什么考察什么，员工才会紧盯着什么。海底捞最重要的就是服务，就是员工的工作热情，因此这两项成了张勇考核的重点。要是为了方便，就将利润作为业绩的考核标准，那其实是舍本逐末。

Business Develop

投其所好是人的天性，当员工知道老板喜欢什么样的做法、要考察什么做法时，他们就会在这些方面加强能力，这也正是张勇用服务和员工满意度取代营业额作为考核标准的原因。除了这种方法，管理者还可以采取一种全面的考核方法，叫作 360 度反馈评价法。

360 度反馈评价是一种从不同层面的人员中收集考评信息，从多个视角对员工进行综合绩效考评并提供反馈的方法。也称全方位反馈评价或多源反馈评价。

它不同于自上而下、由上级主管评定下属的传统方式。在 360 度评价中，评价者不仅仅是被评价者的上级主管，还包括其他与之密切接触的人员，比如同事、下属、客户等，同时包括自评。或者说是一种基于上级、同事、下级和客户等信息资源的收集信息、评估绩效并提供反馈的方法。

360度反馈评价作为绩效管理的一种新工具，正被国际知名大企业越来越多地使用。据调查，在《财富》杂志排名前1000位的企业中，已有90%的企业在使用不同形式的360度反馈评价，比如IBM、摩托罗拉、摩根士丹利、诺基亚、福特、迪斯尼、西屋、美国联邦银行等，都把360度反馈评价用于人力资源管理和开发。

与传统的评价方法相比，360度反馈具有如下优点：

1. 多渠道

360度反馈评价法是一个多渠道的信息反馈模式，与传统的只有主管和员工两人介入相比能够发现更多的成绩和问题。它不仅重视员工的工作成效和结果，或对组织的贡献，而且也重视员工平常的工作行为表现。

2. 客观

基本可以避免由主管一人评价导致的各种主、客观偏差，员工对评价结果容易信服。

3. 准确性

如果从上司、同事、客户那里都得到同样的信息，如服务态度较差，那么这个信息是比较准确的，员工更容易接受这条反馈意见。

4. 匿名考核

为了保证评价结果的可靠性，减少评价者的顾虑，360度反馈评价法采用匿名方式，使考评人能够比较客观地进行评价。

5. 共同参与

由于同事平时朝夕相处，因此有较多的机会观察，对每个人的表现都十分清楚，他们的评价将可提供给主管作为重要参考，另外授权给员工让其参与考评，不仅使他们有参与感，更可以将他们训练成为未来的优秀主管。

6. 提升组织效能

通过全体成员参与的方式，达到激励员工的效果，通过运用这些正确、客观、有效的讯息，不但可以指出员工个人本身的优缺点与未来努力的方向，而且可诊断出组织目前和将来可能面临的问题，进而谋求解决之道。

除了原则，其他的你们随便

问："海底捞现在这么赚钱，18%的股份可不是一个小数，你就这么卖给了张勇？"

施永宏："对。"

问："股份要去了还不说，他还让你这么年轻就下了岗，你舒服吗？"

施永宏："不舒服。"

问："那为什么同意呢？"

施永宏："不同意能怎么办，一直是他说了算。后来我想通了，股份虽然少了，赚钱却多了，同时也清闲了。还有他是大股东，对公司就会更操心，公司会发展得更好。"

——海底捞创业元老施永宏谈张勇收权

延伸阅读

人们在提到海底捞的时候，头脑中想起的领导者形象总是张勇。其实在很长一段时间里，张勇只有海底捞25%的股份，舒萍（张勇夫人）和施永宏、李海燕夫妇也同样各占25%的股份。当年创立海底捞的时候，起步资金是舒萍和施永宏、李海燕夫妇一起凑的，张勇则是一分钱没出。那张勇凭什么获得这

1/4 的股份，其实主意多的张勇一开始就是这 4 人中的首脑，甚至股份平分都是他的提议。

在海底捞尚未扩大时期，张勇就已经成为海底捞的领导者，尽管是 4 人平分的股份，但在大事决策上，张勇都是那最后拍板的人，而其他 3 位逐渐成为执行者。所以虽然法律上张勇只是大股东之一，但他拥有海底捞的绝对控股权，在大事上说一不二。

张勇夫妇和施永宏夫妇刚刚开第一家火锅店的时候，那会儿甚至还不叫海底捞。年轻人总是比较贪玩，4 个人每天懒懒散散的，心思也完全不在火锅上。有客人来了，4 人一起张罗一锅火锅，没人来的时候，舒萍、李海燕就会招呼对面理发店的小妹，支起麻将桌打麻将。

经过一段时间，张勇觉得这样下去不是办法，决定好好整理一下火锅店。一天，舒萍和李海燕还像往常一样说说笑笑地打麻将，张勇突然说："我决定我们火锅店成立一家公司。"当场打麻将的 4 人都愣住了，不知道说什么好。舒萍有些轻蔑地说："就这 4 个人的小火锅店还开个公司？"怒气积压很久的张勇猛地掀翻了麻将桌，吼道："就要成立公司，而且我还要做总经理。"被当众羞辱的舒萍哇的一声哭着跑了，李海燕和理发店过来搓麻将的小妹也呆在当场，不远处的施永宏也不敢开口劝张勇。这场风波的结局自然是成立了火锅公司，而且由张勇担任总经理。

从这件小事就可以看出张勇在这 4 人中的领导地位，在后来的十几年里，也继续延续创业初的模式，张勇一人拍板重大决策。没过多久，张勇就让舒萍下岗了，接下来是李海燕，这在其他公司都是不敢想象的事，要知道那会儿张勇也只有 1/4 的股份而已。最让人惊愕的事情是 2007 年，张勇竟然让跟着自己打拼多年的施永宏也下岗，离开海底捞，不仅如此，他还用原始股价从施永宏夫妇手中购买了 18% 的股份，而施永宏竟然就同意了。

如果不清楚创业初的情况，人们会很难理解后来的这一切。为什么张勇可以让其他股东下岗，甚至用"白菜价"从其他股东那里购回价值不菲的股份？

正是因为从海底捞成立以来张勇一直都是实际上的领导者，其他3位只是执行者，换言之，海底捞表面上是四大股东所共有，实际上一直都是张勇绝对控制的企业。

Business Develop

通过对海底捞股份的调整，张勇拥有了绝对控制权，这是一种集权式管理。集权是指把企业的经营管理权限较多地集中在企业上层的一种形式。这种管理下，经营决策权大多数握在企业高层领导手里，他们对下级的控制较多。

提到集权式管理，很多人想到的是娃哈哈的掌门人宗庆后。宗庆后对管理企业的看法是：做一个出色的领导，前提是成为一个“开明的独裁者”。

在娃哈哈，高层只有宗庆后一人，公司大权全部掌握在他一人手中。比如厂房设备的引进、生产线的安装等，必须由宗庆后定夺。

在人事任用权上，宗庆后可以不必经过组织考核程序就罢免任何一个不合格的人。

在财务方面，宗庆后的集权体现在签字上。所有的支出明细要由他签字过目，如采购费用、广告费用等，只要是50元以上的开支就必须得到他的签字才可以动用。虽然在娃哈哈也有不同层级的授权制度，但各种费用都必会经过宗庆后之手。

产品的生产、包装以及营销等方面，也都由宗庆后掌握。如果宗庆后出差在外，公司必须传真给他当天关于生产、采购的信息，宗庆后签字或电话指示后才可操作。

如果宗庆后仅仅知道牢牢抓住大权，事无巨细地过问，很明显，他没有那么多的精力，娃哈哈更不可能做大做强。集权是企业家的本性，但更要懂得放手分权，让更多的人为你工作。与集权管理相对应的是分权。所谓分权是指把企业的经营管理权适当分散给企业中下层，上级的控制较少，使中下层有较多的决策权。当公司发展壮大后，适当分权，合理运用管理团队和制度的力量才能保证企业良好运转。

首先，正所谓“将在外军令有所不受”，基层员工应该有相当程度的权力，这样才能灵活应对变幻莫测的市场，否则企业必然对市场反应迟钝，体制也会逐渐僵化。

其次，放权要有完善的制度保障，要保证权力下放恰到好处，需要企业家建立一套完善严格的制度，明确规定基层员工的权力范围。

再次，要放更要有收。当受权者所拥有的权力超出应有的范围时，管理者要及时加以制止，并制定一些相应的制度措施对授权的具体操作程序加以约束，只有这样的授权才能成为有效的授权。

不管是采取集权还是分权，企业都应该有相应的管理工具和方法与其配套，尤其是在分权的过程中，制度约束和文化平衡是一种重要的保障。不恰当的集权与不恰当的分权，都会对企业造成严重的伤害。只有控制住大的风险，才能达到集权和分权的相对平衡。

仅有的规矩
必须遵守

好的服务不是仅仅依赖随意发挥的亲情和热情，必定有好的制度和机制保障。

对于企业来说，最重要的是培养人的机制。一套制度好不好，关键是看你是扼杀了创造性，还是激励了创造性。

我们有一个务实有效的绩效考核体系，非常严格。

这个中间，务实的绩效考核是关键，你一定要准确评价出哪一个店做得好，哪个店做得不好，不能被蒙蔽。

建立流程和制度，是一个企业必需的；而设计一个完善的流程和规范的制度，相对来讲其实蛮容易的，因为你不是自己创造一些规则，你是站在工业社会发展几百年历史的基础上。

——张勇谈制度

延伸阅读

不管在什么行业，采购工作都被看作是一个肥缺，因为难以监控和管理，许多采购员从中获得不少油水，管理者也只能睁一只眼闭一只眼。海底捞的所有店面的食物和原料都是统一购置的，岂不是有更大的油水？

杨滨是海底捞的采购部总管，他和张勇在上学的时候就是铁哥们儿，张勇把海底捞最重要的工作交给了他。杨滨来之后，海底捞每年能省下十几万的采购费。

杨滨管理着20多个采购员，但他从来没有担心过这些人会吃回扣。杨滨对采购员的充分信任并不是盲目的，一方面这些人都是从海底捞基层选上来，长时间慢慢培养起来的，另一方面这些人的金钱欲望没那么大，而且他们的工资基本和店长相当，但最重要的，是他认为海底捞已经具备了科学完善的采购流程和监管机制。

在张勇看来，在完善的机制的基础上放手让员工去干才是一种信任，否则就是一种放纵。人人都知道海底捞的服务员有免单或者打折的权力，这种权力不只是某个人说了算那么简单，而是有明确的制度规定的。

张勇首先规定了权力使用的前提，在出现质量事故，或者顾客提出合理的要求时，为了保证顾客满意度时可以使用这种权力。出现质量问题时，服务员可以根据情况给予打折或者免单，当在免单的情况顾客还要求索赔时，领班可以酌情处理，索赔金额可在消费额的两倍以内；每个服务员有200元的支配权，用来给店内外顾客提供需要的帮助，使用权力的当天要填写报销单找大堂经理报销。

权力一旦使用，就有可能用得不好或者不合理，这种情况下，领导可以给予员工指导，但不能惩罚，但在确认员工是恶意为之的情况下，可以开除。

同采购制度和授权制度一样，海底捞的考核等各项工作都有明文规定的制度，这不是张勇或者某位高管的一句话可以改变的。在海底捞，制度不是摆设，不是今天设定明天就换的形式，而是时时处处都具备话语权的一种管理方式。

这样，员工不用担心被哪个领导管，只要自己做的事情符合制度规定就可以，让制度说话，公司的责任和权益就会非常明确。

在海底捞，人管人的情况很少，人的标准总是带着很多的主观性，用制度来管理就能够避免很多不必要的冲突。用制度说话，也能够避免朝令夕改的情况，说过的话可能下次重新说就有了变化，但是白纸黑字的制度是不能改变的。企业规模越来越大时，制度化也成为企业管理者最为重视的一个问题。

联想集团掌门人柳传志有一句名言：爬喜马拉雅山，可以从南坡爬，也可以从北坡爬。联想一旦决定从北坡爬，大家就不要再争了，哪怕北坡看似更远、更陡、更危险。

他的意思是：企业要制度化管理，而且制度不是用来讨论的，而是用来执行的。也就是说，企业若想顺畅发展，就一定要有一套完善的管理制度，并且所有人均系严格按照制度执行。俗话说：没有规矩，不成方圆。企业管理者要明确一点，制度之于公司就像规矩之于方圆，其重要性不言而喻。

制度是企业管理的基础和保证。因此，制度一旦制定下来就必须严格遵守，否则企业就会成为一盘散沙，危及企业的生存。还有很重要的一点，制度一旦制定，任何人都要严格执行，没有例外。

1946 年，松下公司面临极大困境。为了渡过难关，松下幸之助定下严格的考勤制度，要求全体员工不迟到，不请假。

然而，不久，松下本人迟到了 10 分钟。本来，松下上下班都是由公司的汽车接送的，当天，他早早赶往车站等车，可是左等右等，却不见车来。看看时间差不多了，他只好乘上电车，刚上电车，就看到公司的车到达，便又从电车下来换乘汽车。但由于耽误了时间，到达时整整迟到了 10 分钟！原来是司机班的主管督促不力，司机又睡过了头，所以晚接了松下 10 分钟。

按照制度规定，迟到是要受批评、处罚的，松下认为必须严厉处理此事。

首先，以不忠于职守的理由，给司机以减薪的处分。接着，其直接主管、间接主管，也因监督不力受到处分，为此共处理了 8 个人。

其次，松下认为对此事负最后责任的，还是作为最高领导的社长——他自己，于是他对自己实行了最重的处罚，退还了全月的薪金。

仅仅迟到了 10 分钟，就处理了这么多人，连自己也不饶过，此事深刻地教育了松下公司的全体员工，在日本企业界也引起了很大震动。

企业管理中，必须做到有制度可依，同时做到有制度必依。制度制定出来不是给人看，而是让人遵守的。一旦制定，组织中的任何成员，都必须受到这个制度的约束，这样才能发挥制度的作用。

言传再多也不如身教有效。若想让员工遵守制度，前提是管理者首先要管好自己，为员工们树立一个良好的榜样。行为有时比语言更重要，领导的力量，往往不是由语言，而是由行为动作体现出来的，管理者的表率作用尤为重要。

制度不仅仅让员工的行为有了底线规范，更让管理变得简单、公正。因此，管理者要做好制度的建立者，更要做好制度的守护者与执行者，才能确保制度的执行对企业经营起到持续的正面作用。

管理者在制定及执行制度的过程中要遵守 3 个原则：

1. 要保证制度的严肃性和连续性。朝令夕改会使制度失去效力，流于形式，因此一个好的企业制度要保证不因企业管理者的改变而改变，不因管理者与被管理者关系的亲疏而改变。

2. 制度要随客观环境的变化而不断改进、修订和完善。制度不可能一成不变，一劳永逸，而必须与时俱进。

3. 所有制度必须依据人的本性，便于执行。企业的制度要尽可能少，制度越少，员工重视的程度就越高。制度要简单易懂，每一条款都要有解释，以免造成误解，要尽可能吸收员工参与制度的制定。

违规必然开除：苦劳不是挽留的理由

海底捞员工“四不准：”

1.不准给脸色给客人看，不准与客人争吵；

不准因客人的打扮而轻视客人、议论客人；

不准因与客人认识知道客人的过去而议论客人；

客人掉在餐厅的东西不能纳为己有，应主动上交吧台。

海底捞公司员工“高压线”：

从人品，诚实不说谎；

从工作，敬业、勤劳，不喜懒惰的员工；

孝敬父母，友爱家人，“双手改变命运”，不仅仅是自己，更是家人的命运。

——《海底捞员工手册》

延伸阅读

都说企业人才管理是“胡萝卜加大棒”的政策，海底捞的员工政策自然也是如此，虽然海底捞主要是以胡萝卜为主，但高压线也少不了。能力不足可以回炉再造，人品有问题则是危险品，随时会爆炸，给海底捞带来灾难。“林子大了，什么鸟都有”，海底捞自然也难免遇到一些问题员工，所以“杀威棒”要随时伺候。

都知道海底捞的员工培养主要靠师徒制，杨小丽也带过不少徒弟。杨小丽在负责西安店的时候，曾经带过一位聪明伶俐的年轻小伙子，小伙子在她手下一路从新员工成长为优秀员工，最后杨小丽提拔他做海底捞的采购员。采购是火锅店重要的一环，因为环节太多，如果采购员心思不正的话，也很容易钻到空子，毕竟买卖那么多东西，吃点回扣还是很容易的，所以海底捞的采购员一般都由信得过的员工担任。正所谓疑人不用，用人不疑，杨小丽自然信任这位采购员。

在一次日常的检查中，杨小丽乔装成火锅店的原料供应商，向这位采购员要银行卡号，送去一份厚礼。这位采购员不仅收下了杨小丽的大礼，还没有报告说明。难道是要私吞？杨小丽不愿意相信，她连夜召开会议，重申海底捞员工的纪律，其实就是说给那位采购员听的，并要求收受礼品要在24小时内上交。24小时是那么难熬，杨小丽一直期盼这位亲手带出来的采购员能够站出来承认，但是杨小丽失望了。

24小时过去了，那位采购员没有上交。最痛苦的事情，莫过于被自己信任的人背叛，杨小丽体会到了这一点。失望过后，杨小丽再次召集员工，拿出了证据，指证那位采购员私收礼钱，理应开除。消息一宣布，那位采购员后悔莫及，不停地求杨小丽再给他一次机会，店里的员工也都说采购员一路辛苦爬上来，一直表现优秀，可能是一时糊涂。杨小丽仿佛没听见哀求和劝说，直接将这位亲手带出来的徒弟开除出了海底捞家庭。其实杨小丽心中又何尝不伤心，只是她更明白人品有缺陷的员工，绝对要不得。

Business Develop

人们总是习惯性地对解聘心怀反感，认为解聘事件的发生，如果不是企业的运营状况有问题就是员工的个人能力有问题，很少有人从社会角度来看待这件事。不能否认，解聘也有其积极的一面。

解聘可以优化员工组合。每个企业都会有一部分闲置或是与工作岗位不相称的员工，如果长时间不能对他们加以使用，就会让企业背上沉重的负担。要在企业中真正实现优胜劣汰的用人机制，就要把一些不能胜任工作的人员淘汰下来，这样才会使更多的优秀人才脱颖而出，从而使企业的员工队伍充满生机和活力。因此，作为企业的管理者，不仅要清醒地认识人才的重要性，掌握用人的技巧，还要学会通过合理的淘汰机制提高绩效。

解聘可以使员工更认真地对待自己的工作。一部分员工的被迫流出，无疑会从反面刺激那些墨守成规和不思进取的员工，他们将因此产生危机感，从而更加认真地对待自己的工作，积极性、责任感都会进一步提高。

一位研究者研究过曾经在美国非常成功，但传到第二代后经营失败的75家公司，结果发现症结都在于人才问题。公司创办后，得以渐渐地成长，不能否认某些创建元老的贡献。但由于时代的变迁，这些因有功而身居要职的人，有不少已不能适应新时代的需要了。但第二代的经营者，碍于情面不便辞退这些人，以致公司终于倒闭。当然，也有许多公司因为其他因素而倒闭，但这位研究者调查的75家公司，都有上述的现象。

管理者不仅要知人善任，还要敢于解聘，在企业中真正形成优胜劣汰的用人机制，这就不可避免地要将一些不胜任工作的人员淘汰下来。只有这样将用人与辞人有机地结合起来，才能使更多优秀人才脱颖而出，使企业的整体效益节节上升。

但是在实际工作中，解聘并不那么容易，还有许多阻力和障碍需要加以克服和清理。

许多人认为，只要不背离原则，不违法乱纪，即使有些人能力差，总还要给他个位子。也有人受个人感情的羁绊，如日本企业，对一些资历长、任职久、感情深的同学、老乡，迁就照顾，宽容纵短，即使责任心退化、使命感弱化、奋斗意识淡化，也不予免职。在人才使用上，仍保留论资排辈的习惯。一些有胆识、有魄力、有作为的年轻人才，敢说敢做，能够独当一面，打开工作局面，但由于有棱有角，于是被说成自高自大、盛气凌人，不予使用；而那些能力平平，老实听话，善于拉关系、做人情的却受到重用。

市场就是战场，战争是残酷的，若想提高企业整体效益，改善绩效管理，在用人问题上，就绝对不能被感情羁绊。

不过，不要以为解聘谁就是若无其事地来到他面前，双手一摊说句"很抱歉"就可以解决的问题，这里面有很多必须掌握的原则和方法，按照这些原则和方法对员工进行筛选和过滤，优化员工队伍，可使解聘正规化，而且被解聘者心理上也不会有太大的落差，这才是正确的员工解聘途径。

1. 解聘的原则

（1）以事实为依据。辞退员工要有理由，那种随便处置员工的企业永远得不到全心全意为企业着想的员工。只有以事实为依据，才能使被辞退员工心服口服，同时也不影响企业其他员工。

（2）体面。我们所处的是一个追求双赢的时代，在辞退员工时，也应充分考虑被辞退员工的体面，减少因被辞退而给其带来的不快，同时也减少对企业潜在的威胁。

（3）坚决。勇敢地表达企业的立场，不要拐弯抹角。

另外，辞退决定一旦做出，就应坚决实施。最忌讳信息已传出，管理者却无相应行动，尤其是对待有不轨行为的员工，更应迅速果断。

2. 解聘的步骤

（1）调查工作业绩。首先需要弄清楚员工失误的原因，看能否在企业内部调动，让员工更好地发挥技能。如果无法进行内部调动，只好终结雇佣关系。

（2）用书面材料说明解雇员工的原因。保留书面警告的副本和记录该员工业绩不良所造成的影响，包括事件日期和详情。

（3）制定终止雇佣关系的条件。按照规定可以给予补偿。

（4）最好让对方在合同终止那天离开办公室。这可以减少蓄意破坏的可能性，降低对其他员工的负面影响。

（5）准备好进行解雇会谈。整理好需要的文件，准备一下应如何进行会谈；会谈持续的时间不要超过15分钟。

（6）在独立的会议室中进行会谈。最好找个同事作为见证人，支持自己的观点，这将对会谈有所帮助。

（7）尊重对方。简要解释解雇的原因，说明这是一个无可挽回的决定。

（8）解释有关解雇的财务安排。将最后的薪金准备好，交给员工。可能的话，为员工准备一封介绍信。

（9）收回该员工使用的企业的财物，将员工私人的东西物归原主。

3. 不要省去离职面谈

西方一些管理专家提出，应建立“辞退预警”制度，这是对双方负责，使双方互利的行为。所谓“辞退预警”，就是在辞退员工前，通过正常的渠道，让员工预知被辞退的可能。同时，在实施辞退时，还必须与员工沟通，在进行离职面谈之前使之做好心理准备。但一些企业由于对裁员工作事先没有做周密的考虑和设想，没有与被解聘的员工进行离职面谈，结果就导致裁员时出现了一些难以收拾的局面。

其实无论是辞职者还是被辞退者，管理者都应像最初面试一样，与他们做最后一次面谈。

这样做有3个好处：第一，表示企业对个人的尊重；第二，管理者可以直接从离职者那里了解一些情况，避免了一些因沟通不足造成的误解，如果确实是企业做得不妥，企业可通过离职面谈留人；第三，企业对离职者做一些统计和分析，找出共性的问题，以便采取有针对性的措施去调整。

解聘员工是管理者在工作中面对的最困难的任务之一。即使以前被警告过多次，被解聘员工往往还是会表现出不相信甚至做出激烈反应。因此，管理者在解聘前谈话时应做到以下几点：

（1）开门见山。不要通过寒暄或谈其他无关紧要的事情来旁敲侧击，而应在放松片刻后就将解聘的决定告诉他。

（2）说明情况。简短地用三四句话说明解雇的原因。记住要说明情况，而不是攻击雇员个人，比如不能说“你的产出还达不到一般水平”一类的话。还要强调这个决定是最后的、不可改变的决定，已调查过企业里其他的职位，各级管理人员都同意，也考虑过所有有关因素，如工作绩效、工作量等。

（3）听取意见。重要的是要持续谈话直到那个员工能放松地谈话，能比较心平气和地接受自己被解聘的原因以及将得到的成套补贴费（包括解聘费）。不要陷入争执，而要用重复员工的看法、静听并不时点头等方式让员工开口讲话并积极地倾听。

（4）提供帮助。被解雇的雇员可能迷失了方向，不清楚下一步要做什么。管理者应当告诉该员工离开办公室后上哪里去，在哪里可能有适合他们的工作，真诚地帮助他们。

也许有些管理者认为离职面谈是小事一桩，可有可无，但事实不是这样。进行过离职面谈后，员工对解聘从心理上开始接受，不再觉得突如其来、晕头转向了，这就减少了发生冲突的可能性。而且，由于没有了心理负担，他们会将公司管理方面的看法和盘托出，这又让企业得到了平时调查所得不到的信息，从而审视和改进自己的工作，使管理工作效果更突出。

第十章
管理也是服务

家庭是怎么管理的，海底捞就怎么管理。

卖火锅的幌子：
来海底捞是改变命运的

因为他们的定位错了，他们目标是赚多少钱，你们都是给我打工的。我如果是这种定位也不会给员工那么多权力。但是如果将企业定位成一个平台，在这个平台上大家通过劳动改变命运，那么我们对一些别人看来很严重的事情就会觉得无所谓，对一些别人看来无所谓的事情我们会看来很严重。

因为我们的重点不一样。我的重点是，能够在海底捞塑造一个公正公平的环境，有能力把勤奋、诚实、善良、肯干的人提拔到领导岗位。

——张勇回应“甩手掌柜”一说

延伸阅读

海底捞对于张勇来说，到底算什么？是热爱的事业吗？张勇说：“我在好多城市开火锅店，如果我要是喜欢这个东西的话，我就会忙得每天晚上睡不着觉了。”是赚钱的工具？早年肯定是，因为张勇期盼卖火锅能给他带来物质生活上的改善；可如今海底捞已经成为业内第一，一心赚钱的张勇大可以快速开分店，也没必要给海底捞的员工行业内较高的薪资福利，尽量压低人力成本可以省下一大笔钱，更不会给员工那么大的权力。

想了解张勇真正的想法，观其言行是最好的办法。在海底捞走上成熟正轨之后，张勇基本退出了海底捞的日常事务管理，把生活重心放在了家庭生活上，但唯有人力资源管理工作张勇不放手。张勇亲自担任海底捞人力资源部部长，一方面防止用人不当的情况出现，更重要的是将勤劳、诚实的员工逐渐培养为领导，让这些人从此摆脱贫穷。

海底捞绝大多数员工都来自西部地区的农村，很多人从出生就面临饥饿与贫穷。经济压力和教育资源匮乏，更是让他们多数只念过小学、初中。难道出身不好、学历低的他们注定一辈子贫穷吗？不甘心的他们来到大城市，选择在海底捞打拼，张勇认为他对这些员工们有责任。上帝是公平的，虽然他们输在了人生的起跑线上，但他们拥有勤劳的双手和坚韧的意志。

人人都知道海底捞的员工工作辛苦，可为什么他们不离开海底捞？原因就是他们相信通过自己的双手可以改变自己的未来，换言之就是在海底捞奋斗有奔头。为什么可以那么确信这个奔头是实实在在的，而不是张勇画的一张饼？因为有榜样，有制度。海底捞到了今天，管理层从杨小丽、袁华强、林忆到谢英，哪个不是农村出来的？海底捞更有一套完善的考核员工体系，从一线服务员、领班、大堂经理、店长，一直到高层，只要够努力，人人都有晋升的机会，这也正是张勇对于海底捞真正的定位，海底捞不是热爱的事业，不是赚钱的工具，而是张勇为贫苦的海底捞员工设立的跳跃平台，就像龙门，足够努力的海底捞人可以通过平台，摆脱贫穷，安身立命。

可回过头来想想，张勇不是慈善家，他何苦不聘用外面的高学历人才，辛辛苦苦地等着这些农村来的员工慢慢成长？可能是由于岗位特殊性，一般人吃不了这份工作的苦；也可能是因为海底捞的管理层需要对一线工作有一定的了解，不能从外面空降。其实理由多种多样，说一千道一万，真正的原因必然是张勇这个人的人文关怀。张勇看着这一群像曾经的自己一样，勤劳、善良的农村人，在这喧嚣的大城市里，卑微地用自己的双手，寻求人生的梦想，怎能不动容，不想起曾经？

张勇将海底捞定位成农村人实现“城市梦”的舞台，不以金钱为第一，“以真心换真心”，无私的张勇也获得了海底捞员工的信任。

Business Develop

一项调查结果显示：员工通常能够信任他们的同事，他们也把工作当作自己生活中最为重要的部分，但是，他们并不信任他们的企业——他们并不认为这些企业的决策和组织是有利于自己发展的。

当谈及那些有关员工自身利益的相关决策时，情况尤其如此。对企业来说，员工不信任企业，会给企业的工作开展带来很多麻烦，在诸多麻烦当中，两个最大的问题密切相关——业绩和利润。

俗话说：“人不为己，天诛地灭。”这句话成了自私的最好借口。一个人可以自己做到不自私，但无法让别人不自私。

企业与员工的关系多少也是如此，企业要是没有得到员工的信任，就不会取得最佳的业绩。要是员工并不相信企业能维护好他们的最佳利益，他们会认为，所有的一切只能靠他们自己。这个时候，他们会花费时间和精力去思考并做与自己利益相关的事情，他们在这方面花费的时间和精力使他们对于生产、质量以及创造力思之甚少。对此，企业可以采取措施提高业绩，但是，有一点却无须怀疑——你保证不了员工会按照你的方式去执行。

现在不少企业已经认识到：单纯追求私利，无法获得员工的信任。于是，一些企业开始推行一种年度的“总额奖励计划”，以此和每一个员工的报酬进行沟通，包括工资、体检和伤残福利、退休金等。意想不到的效果是，推行这种计划的企业大幅度提高了员工对公司的信任度。这些企业的员工认为管理层对他们有更为深入的理解及支持并为他们做了很多工作。

进入 21 世纪后，社会化分工发展已经达到了相当的高度，有关员工方面的人力资源管理研究体系也日趋完善，但大多数企业出于直观利益的考虑，单纯追求私利，不太关注员工的利益，这样企业就没办法获得员工的信任。一个没办法获得员工信任的企业将无法获得持续的长足的发展。

人类生产活动的原动力是什么？是个人的需求，也就是私利。这个私利不但是人类生产活动的原动力，而且是唯一的动力，除此之外，我们找不到其他动力。私利作为人类生产活动的原动力，自然催生了生产的积极性。这个生产积极性是劳动者最基本的生产积极性。劳动者还可以产生其他的生产积极性。

在稻盛先生看来，企业是一个经济组织，是一种以赢利为目的的经济组织，同时，企业也必须承担一定的社会责任。企业追求私利天经地义，而企业履行社会责任也是不可或缺的一个方面。企业或是社会的发展，都是人们追求利益的结果，所以企业要想追求利益就得权衡各个方面的利益，不能单纯追求私利，在追求企业利益的时候，要兼顾员工的利益，这样，企业才能获得员工的信任和支持。

像家人一样团结

我愿意尊重每一位同事，因为我也需要大家的关心。

我们大家帮着你，你一定能学会。

我在这里感受到了久违的温暖，同事之间很客气，都管我叫“阿姨”或“大姐”。此时，我真切地感到家的存在。我爱你，我的家海底捞。

——海底捞员工谈家一样的团队

延伸阅读

张勇特别强调团队的凝聚力，因此他把海底捞打造成一个家庭式的企业，用温情的方式来管理企业。虽然人类以家庭为单位，但渴望融入群体是藏在人类身体里的集体潜意识。团队有一种能量，它能够让向上的人更加有力量，也能够给受伤的人带去抚慰。

年过四十的王彩虹在经历了离婚等几场人生大变故后，只身从云南来到北京，经人介绍成为海底捞的一名清洁工。在这里，她感受到了家的温暖，因为所有的难题都有一群人帮着她一起解决。

王彩虹心里一直非常挂念正在上初中、借宿在亲戚家的女儿，可对她来说打电话回家的费用不是一笔小数目，无奈之下，她只有忍着想念在心里默默为孩子祈祷平安。大堂经理谢张华知道了这件事，就定期给王彩虹的女儿打个电话，鼓励她好好学习，考出来看看外面的世界。

这天，王彩虹和往常一样打扫卫生，突然很多同事涌到她跟前，唱起了生日快乐歌，谢张华端着特制的果盘，抱住她说："妈妈，生日快乐！"王彩虹泪如泉涌，她从心里感谢这群把她当妈妈一样看待的孩子们。

有一年，公司把一笔5000元的捐款给了她，不但因为她生活拮据，更因为她工作出色。王彩虹卖命地工作，是因为每当她在海底捞遇到问题时，她都不会孤单，总有一群人站在她身边帮助她。她也希望能够尽最大的能力把工作干到最好，为团队贡献力量。

组成海底捞团队的只是一群学历很低的普通人，而当他们聚在一起时却可以发挥强大的力量。曾有客人撒酒疯后，拿着家伙来海底捞闹事，在杨小丽的一声令下，整个店的人都冲锋上前保护店面。从这一点来看，他们不是一群无组织无纪律的散兵，而是具有强凝聚力的高效团队。这样的团队，具备极强的战斗力、极强的凝聚力、极强的执行力和极强的向心力。

张勇从来没提过"团队建设之道"，但海底捞员工就像是家人一样紧紧地凝聚在一起。一个人有难题，整个团队来解决，不需要什么团队建设技巧，让员工感到温暖就是建设一支队伍最好的办法。

Business Develop

高效团队组建的核心是团队成员的高士气，海底捞虽然没有专门的团队建设，但他们的士气决不是同行所能比的。张勇鼓舞团队成员的士气，让他们抱团作战的秘诀就在于激励。什么样的激励能够恰到好处地击中团队的"命门"，起到最有效的作用呢？

1. 目标激励

在制定目标时须注意，要根据团队的实际业务情况来制定可行的目标。一个振奋人心、切实可行的目标，可以起到鼓舞士气、激励属员的作用。相反，那些可望而不可即或既不可望又不可即的目标，会产生适得其反的作用。主管可以对团队或个人制定并下达切合年度、半年、季度、月、日的业务目标任务，并定期检查，使其朝着各自的目标去努力、拼搏。

2. 领导行为激励

下属能心悦诚服地为主管努力工作，不是因为主管手中有权。权是不能说服人的，即使服了，也只是口服心不服。绝大多数原因是主管有着好的领导行为。好的领导行为能给下属带来信心和力量，激励下属，使其心甘情愿、义无反顾地向着目标前进。作为主管要加强品德修养，严于律己，做一个表里如一的人；要学会推销并推动你的目标；要掌握沟通、赞美及为人处事的方法和技巧。

3. 数据激励

对能够定量显示的各种指标，要进行定量考核，并制定公布考核结果，这样可以使属员明确差距，有紧迫感，迎头赶上。主管可以在每月、每季、每半年的考核期中、结束后或者业务竞赛活动进行当中、结束后，公布团队或个人业绩进展情况，并让绩优者畅谈体会，分享心得，以鼓舞全体部属的士气。

4. 奖励激励

奖励就是对人们的某种行为给予肯定和奖赏，使这种行为得以巩固和发展。奖励分为物质奖励和精神奖励。人在无奖励状态下，只能发挥自身10%～30%的能力；在物质奖励状态下，能发挥自身能力的50%～80%；在适当精神奖励的状态下，能发挥自身能力的80%～100%，甚至超过100%。当物质奖励到一定程度的时候，就会出现边际作用递减的现象，而来自精神的奖励激励作用则更持久、强大。所以管理者在制定奖励办法时，要本着物质和精神奖励相结合的原则。

5. 关爱激励

了解是关爱的前提，作为团队管理者要经常与团队成员打成一片，交流思想感情，从而增进了解和信任，并真诚地帮助每一位团队成员。

6. 集体荣誉激励

管理者通过给予集体荣誉，培养集体意识，使团队成员为自己能在这样优秀的团队而为荣为傲，从而形成一种自觉维护集体荣誉的力量。比如，开展团队间的擂台赛、挑战赛等，这样既培养了集体荣誉，又可激励团队成员。

7. 支持激励

支持激励包括尊重属员的人格、尊严、创造精神，爱护下属的积极性和创造性；信任团队成员，放手让团队成员大胆工作。支持激励既是用人的高招，也是激励团队成员的办法之一。

快乐迁移：让工作充满愉悦

我看到有的餐厅训练服务员，微笑要露出 8 颗牙齿，嘴里夹着根筷子训练，我说那哪是笑啊，简直比哭还难受，那些僵硬的笑容，并不是发自内心的。海底捞从来不做这类规定，激情 + 满足感 = 快乐，这两条都满足了，员工自然就会快乐，并把这种情绪带到工作之中。

——张勇谈微笑服务

延伸阅读

不知道从什么时候开始，微笑要露 8 颗牙齿，据说那是最漂亮的笑容。于是，空姐、礼仪和其他各个服务行业纷纷效仿，嘴里咬上一根筷子就开始训练，结果脸上的肌肉都僵硬了还是做不出最具亲和力的模样。微笑本是人在发自内心的高兴时呈现的一种情绪，而把笑容当作一种标准时，它还能成为发自内心的情感流露吗？

走进海底捞，路过你身边的每个服务员都会送来一个微笑，吃饭时无意抬头看见他们，迎来的也是微笑，那种微笑真诚而又自然。海底捞在给员工培训时，会问他们一个问题：给顾客送上一个微笑，咱们有没有损失？答案当然是没有。海底捞一直在给员工灌输这样一种意识，那就是微笑是一种没有任何损失、不需要任何成本的一种服务，却能够获得高回报的收益，比如好口碑和顾客的上座率。

虽然海底捞的许多服务都有一套标准，但是张勇从来没训练服务员 8 颗牙齿的笑容，在他看来，服务时的微笑应该是员工将情绪自然带入工作中的一种快乐状态。那么，员工怎样才能快乐？只要工作有激情，生活有满足感就能感受到真正的快乐。

张勇是用什么办法提高员工的激情和满足感的？

几乎所有的企业都只给员工发工资，但是张勇还给员工的父母发工资。做到店长以上的职位，工作越出色，父母拿到的工资越多。一方面，海底捞员工的家大都是农村的，父母没有养老保险，工资就是张勇给他们父母上的保险；另一方面，这也是在向父母做工作汇报，父母成为帮助张勇监督员工的好帮手。

张勇向上赡养员工的父母，向下照顾员工的孩子，他在家乡建了一所亏本的学校，员工的孩子可以在那里上学，除了书本费之外所有的费用全免。做到店长以后，每年还有额外的 12000 元的补贴，目的就是要让员工的孩子和城市里的孩子一样享受优质的教育。

海底捞的工作时间很长，非常辛苦，所以张勇一定要给他们提供一个舒适温馨的生活空间。生理需求是人的基本需求，在海底捞，所有的员工都住在正式的小区里，小区离店面步行距离不超过 20 分钟。宿舍里配套设施也很齐全，有 24 小时供应的电脑、网络、热水和空调。

海底捞的员工不是只给顾客提供服务，还享受别人提供的服务。为了给员工提供更多休息的时间，海底捞有专门的家政人员，负责为所有的员工打扫卫生、清洗被褥衣服，员工们在店里忙完回来，宿舍里所有的东西已经被整理得干干净净，有时宿舍阿姨还会准备好热腾腾的米粥，员工们回到家心情一下子就豁然开朗了。

舒适的生活环境，给员工带来的不仅仅是一种便利和工作热情，还有一份能够在顾客面前仰起头微笑的自信。

海底捞还有各种优厚的福利待遇，比如，员工3次被评为先进，公司就会给他放3天假，父母就能来探亲一回，到海底捞享受一顿免费的美餐，并且报销往返路费。

张勇不但将这些作为福利来激发员工的激情，还将培养员工激情作为管理层考核店长的一个标准。如果员工的激情不够高，即使业绩再好，这个店长也是要被撤掉的。在考察员工激情这一项时，海底捞总部会到各店进行巡视，观察员工有没有全神贯注地关注顾客，是不是有工作热情，服务是不是又快又准，等等。

和一般的服务行业相比，员工在海底捞能够享受到家一样的待遇，受到充分的尊重，并且被激发出工作的热情，这才有了他们脸上比露8颗牙齿还美丽的微笑。

Business Develop

真正让人愉快和满意的不仅仅是挂在海底捞员工脸上的微笑，更包含了他们从内心散发出来的工作的快乐。

一个适宜、安全、和谐、愉快的工作环境，是每个人都梦寐以求的，也是促使员工积极工作的条件之一。同样，作为一名企业主或者一名顶尖的高层职业经理人，为企业塑造一个良好的工作环境是至为关键和重要的工作之一。好的环境、有意义的工作就是对员工最重要的激励。

如果管理者问员工，是什么使得他们在工作时不开心，听到的回答要么是老板令人讨厌，要么是工资低，要么是工作环境不舒服，要么就是规章制度很可笑。如果管理不善，环境因素会让人感到苦恼，人们必然会失去动力。

但是，即使管理有方，环境因素也不会激励任何人更努力或更巧妙地工作。相反，如若工作有乐趣、富有挑战性，或责任加大，人们就会受到激励。工作的这些内在因素满足了人们内心深处对成长和成就的需要。

最佳的工作效率来自高涨的工作热情，我们很难想象，一个对工作兴趣淡薄的人会全心地投入工作，得到很好的工作效果。兴致勃勃会让人更好地发挥想象力和创造力，在短时间里取得惊人的成绩。那么，如何使员工永葆工作的激情？

1. 变领导为引导

领导与引导是不同的，领导无疑含有命令的成分多一些，而引导包含的命令成分要少得多，将领导变为引导是企业管理者灵活运用激励原则的高超表现，在企业员工中能够取得意想不到的激励效果。

领导转化为引导，对管理者有着较高的要求，首先管理者要有非凡的智慧，能洞察企业运行的实质，不靠产品，而靠员工。激励员工是他应做的事。其次，管理者要做出表率，管理者对于自己制定的规范、决定的政策，要以身作则，身体力行；对于自己的诺言，要言必信，行必果。只有管理者以身作则，言行一致，员工才会心悦诚服地接受领导，跟着积极行动起来。

最后，管理者不能单凭自己的职务、权威和形式上的地位尊严去建立领导，而是要靠对员工的信任和指导去建立领导，要相信自己的下属是有工作积极性的，有提高自己的能力、承担更大责任的愿望。

2. 将单调的工作变得有趣

变化繁多的游戏总较单纯游戏来得有趣。同样的道理，倘若本身对工作有兴趣，再加上工作本身富于变化，那做起事来便会着迷，从事复杂、困难之事，当事人之所以斗志高昂，是因为工作富丁变化，可使人充分发挥自己能力。管理者要想有效地激励员工，就要做到以下几点：

一是改善工作环境，让员工舒心投入工作。健康、优雅、舒适的工作环境，会激发员工对生活的热爱，提高其工作意愿，改善其工作绩效，激发员工的自豪感。

二是促进员工快乐工作，比如，缩短管理链条，简化工作流程，优化考核指标，降低一线工作压力和复杂度，减少低效、无效劳动，提高整体工作效率。

三是帮助员工设计职业生涯，开辟更宽阔的晋升通道。

既然事实表明，能否从工作中获得满足感，并不取决于公司的规模、公司推销产品或自身的方式，或是公司所推崇的价值观念，所以，立足于本职工作，选择适当的方式，丰富自己的工作经验，就显得尤为重要。职业生涯设计和规划可以说是员工成长中的“催化剂”。

经营好员工，不仅要注重根据员工个人能力、职业素养、性格爱好等将合适的员工安排到合适的岗位，还要主动鼓励并帮助员工进行职业生涯设计和规划，为员工开辟更加宽阔的上升通道和发展途径。只有让每一位员工都看到自己成长的方向和成长的空间，鼓励员工将其职业生涯与建行的发展目标结合起来，才能使员工有明确的奋斗目标，迸发工作动力。

四是关注利润以外的价值也许是获得利润的最佳途径。

玛格丽特·惠特利是研究公司新模式的著名专家，她认为：“工作不仅为了挣钱。还有更重要的意义。如果你不肯丰富工作的意义，就无法获得员工的忠诚和创造性。许多管理者仍然没有清醒地认识这一点。与管理者相比，员工在看待他们的工作时，反而更具全局意识。员工们希望他们的工作更有意义。近些年来，许多公司似乎已经忘记了这一点，而员工们却渴望为世界做出更多贡献。最具讽刺意味的是，如果公司能够考虑到这一点，反而会获得更丰厚的利润。”

不管管理者使用何种方法，要使单纯的作业有所变化并非易事，应尽量让员工们多加思考，或给他们一个竞争对手，这样才能更好地激励员工。

客户
是服务业的人脉

网易财经：你在经营的时候，有没有刻意扩大自己的人脉圈子？

张勇：没有，我在好多城市开火锅店，如果我要是喜欢这个东西（扩展人脉圈）的话，我就会忙得每天晚上睡不着觉了。因为我觉得还是自己家里面的生活重要。让他们去吧，我们下面的人他们是需要认识一些人。但是我觉得，客户就是我最重要的人脉。对于其他的人脉，我只要不想你的什么优惠，或者说想你给我走走后门，我觉得就无所谓了。

——张勇答网易财经记者问

延伸阅读

海底捞在发展壮大的过程中，不像一般企业那样特别注重外在的营销手段，譬如狂轰滥炸式的媒体广告、娱乐明星代言等；在进入成熟期后，张勇也没想着要和政府搞好关系，希冀得到政府的支持，做个“红顶商人”。虽然火锅是个中低端的服务餐饮行业，但如今已经成为四川省简阳市名片的海底捞，真想获得一些政策上的优惠，其实是完全不在话下的。

可是张勇认为，餐饮行业是相对来说竞争较为开放的行业，海底捞最根本的落脚点也是一对一地为顾客服务，所以相对于外在的种种，顾客才是海底捞最重要的人脉资源。张勇的“客户至上”理念深深烙在每个海底捞人的身上，或者说每个海底捞员工的行动都是一面映射张勇内心世界的镜子。

有一位顾客在上火车前，和几个朋友在海底捞吃火锅，朋友相聚，自然是话语投机，把酒言欢，再加上海底捞提供的无微不至的服务，更是让这位顾客忘记了即将上火车这档子事。吃完饭后，拖着行李箱出来，顾客才发现时间已经不多，站在马路边焦急地招出租车。无奈正是晚饭点前后，出租车都已经载了客，眼看着时间一分一秒过去，难道要误火车了吗？海底捞的门迎服务员看见这位顾客焦急的样子，主动上前询问，随后便把顾客要赶火车的事告诉了店长，店长二话不说，直接从车库开出了自己的SUV，亲自送这位顾客去了火车站。

如果上面的事例还鲜有人知，那么下面说的事情，早已经在网络上疯传。一位名叫“双日木闺女”的网友，在微博上写道：“一大早肚子狂痛，不会是因为昨晚的海底捞吧？”不到几分钟，海底捞就在微博上注意到了这条消息，很快就联系上这位网友，询问痛感是不是厉害，并劝网友去医院查一下，费用全由海底捞报销。不仅如此，海底捞还在留言中询问这位网友的地址，说会让最近的海底捞员工赶过去，带着网友去看医生。

这样的事例不胜枚举，这几位员工也仅仅是海底捞员工大军中的沧海一粟，无数面这样的镜子最后映射出张勇的理念——顾客至上，客户才是海底捞最看重的人脉资源。

Business Develop

但凡生意，都明白顾客至上的道理，商家也有各自吸引“上帝”的三十六计。如何留住老客户，扩展新客户，是每个企业家都要面临的问题。

第一，在企业刚起步或者客户群较少时，必须通过创新挖掘出潜在客户。譬如在果汁进入中国市场以前，人们习惯喝牛奶和豆浆。汇源则在果蔬领域创造了一个新的需求，给客户提供了新的选择——喝果汁。在企业采取创新，以信贷、广告或推销等方法创造出需要以前，需要可能并不存在。所以，创业者的任务就是把顾客心中存有，但目前无法满足的需求挖掘出来，为客户创造更好的价值。这是一个发现新大陆的过程，它比挤破脑袋跟着千军万马抢独木桥高明得多。

第二，留住来之不易的老客户。通过建立客户档案，研究每个消费者的消费习惯等留住客户群。亚马逊公司采用了一套该系统来管理客户。通过客户关系管理系统，亚马逊公司分析每位客户的原始资料（年龄、性别、地理位置、家庭情况、收入情况等）和历史交易记录，从而推断客户的消费习惯、消费心理、消费层次、忠诚度和潜在价值。根据客户的不同需要和习惯提供给客户不同的服务，最终向客户提供一对一的个性化服务。客户每次在网站上的浏览和订购情况都被亚马逊公司记录下来，通过分析客户长期的交易情况，公司可以得知客户基本的需求和消费嗜好，然后向客户推荐他可能想要的商品，减少营销的盲目性，获得客户的认可。

第三，为员工提供创新和发挥的舞台，因为面对客户的不是企业管理层，而是一线员工。管理大师德鲁克要求企业家为员工提供创新的机遇和平台。为此，张瑞敏改变了企业的组织形式，将金字塔翻转过来，直接面向客户的员工在最上面，领导层自下而上提供支持，这样不仅提高了组织管理效率，而且使企业更接近客户，更了解客户的需求。

第四，拓展新客户，以客户“生产”客户。拉住老客户的心，通过客户间的口口相传，吸引更多的客户，这样远比企业狂轰滥炸地宣传、打广告有用。

第五，随时和客户沟通，了解客户的心声，让客户有发言权。成功的管理者懂得聆听，能够认真地听、有兴致地听，听懂客户的话，从而弄明白客户的心理，找准客户心理的突破口，有的放矢，最终顺利地实现交易。管理者不仅要学会聆听，还应该引导客户说，鼓励客户多说自己的事情，这才是聆听的真正秘诀所在。谈论客户最感兴趣的话题是通往其内心的最好的捷径。因为这样，你才能从聆听中获得最有用的信息，了解客户的真实想法和内心需求，找到突破口，最终达成交易。

第十一章
海底捞是熬出来的

廿年磨一剑，且学且珍惜。

员工都是
一个一个吸引来的

网易财经：在很多企业都是鼓励内部人才推荐，就是说可能朋友介绍朋友过来。

张勇：对。

网易财经：你觉得这种模式，或者这种推荐人才的方法，是不是也存在一些问题？

张勇：对。但是在你没有更好的选择的情况下，这个很好。因为朋友不会骗朋友，你这个企业要是做得不好的话，他不会推荐他的朋友来，如果他都推荐他的朋友来的话，至少他是认为这个企业还可以的，他都把自己的弟弟妹妹叫过来了，亲戚都叫过来了，我们这儿甚至还有什么爸爸、妈妈、孩子、媳妇儿、表姐、表妹都在海底捞的。开始说会不会出现一些问题，我说，肯定会出现问题呀，出现问题但是你别理它呀，它有问题你去夸大它不是问题更大了吗？

——张勇答网易财经记者问

延伸阅读

海底捞的员工个个令其他企业羡慕：为什么我的企业中就没有如此尽心

尽力的员工？的确很奇怪，张勇为什么总能在茫茫人海中，找到那些优秀的海底捞员工，难道他是一眼就能看透人心的伯乐？上万名优秀的员工，性格多样，更不可能是批量“生产”出来的，对于这个问题，张勇自己说：“海底捞的员工是一个一个吸引来的。”

海底捞郑州区的总经理冯伯英就是这样一位一直被吸引着的员工。冯伯英早在海底捞只有简阳一家店的时候就加入了海底捞。当年冯伯英也只是个农村来的穷丫头，什么都不懂，张勇不仅不厌其烦地带她，而且从没有把她当作打工妹看待。冯伯英回忆起那段时光，心中依然充满温暖。当时冯伯英父亲刚去世，农村来的她一直很自卑，可张勇和施永宏从未看不起她，经常带着她去逛公园，到处去玩耍。张勇还会带着冯伯英去唱卡拉 OK，逢到过年，没回家的冯伯英就和张勇他们一起过年，大家一起喝酒划拳打麻将，完全像是一家人，根本没有老板员工的分别。

让冯伯英印象最深刻的是有一年夏天她生病住院，正巧那天暴雨，整个简阳城内路不成路、沟不成沟，完全没法出门。正当冯伯英一个人在医院伤心的时候，张勇冒着雨，一脚深一脚浅地走到了医院，不顾一身泥水，安慰冯伯英安心养病，不用担心工作的事情。临走时，张勇还留下一笔钱，让她买些营养品补身子。张勇走后，冯伯英再也忍不住，眼泪唰地流了下来。从那时起，冯伯英就下决心跟着张勇，决不离开海底捞。

经过这件事情之后，冯伯英总是推荐同乡到海底捞工作，因为她知道海底捞的老板是个什么样的人。张勇也一直支持海底捞的员工介绍自己的亲戚朋友进来，他认为有了家人朋友的监督，会让员工工作更尽心。

这就是张勇一个一个吸引海底捞员工的秘诀。如果张勇是海底捞团队的核心磁石，像冯伯英就是周围小磁石，大磁石吸引着小磁石，小磁石吸引更小的磁石，各个相互吸引，组成了庞大的海底捞员工大军。

张勇身上的优秀性格特质，在不停地吸引和影响海底捞员工，让他吸引众多的追随者。关于“吸引”，本尼斯提到这样一个词汇——neoteny，这是一个动物学词汇，原意为幼期性熟，此处引申为标新立异，用来表示“所有与年轻人相关的优秀品质——好奇、爱玩、迫切、无畏、热情、活力”。

现实中，neoteny 的标志是指一个孩童有一种能力去吸引某一个特定范围的人，并且变成他的追随者，这么解释的话就让这个词有了领导者和追随者相辅相成的概念，于是本尼斯认为它是“比魅力更实用的一个概念”。

以标新立异作为特点的领导人往往能吸引一些同样标新立异的特别人才，罗伯特·凯利把这些人称之为“典型追随者”，这一概念恰好与保守者作为两个极端存在。他在《追随者的力量》一书中指出，典型追随者在工作中常常会提出一些出人意料的建议，在平常的工作中也会表现出自己标新立异的特点，而这些都对公司的运作有重要意义，因为这说明他们一直在努力思考新的方法，能够更有效地使公司越来越好。

相反，保守者只会对分配到自己手头的工作投入时间精力，而不会进行独立的思考，他们被众多的选择和不确定性所困扰，他们希望的是领导者直接给他们一个成熟自信的观点和一些鼓舞人心的意见。

因此，是什么使得标新立异的领导者赢得了有独立见解的改革者呢？就是那些使你成为典型追随者的技能。“做一名出色的观察者”，本尼斯借用索尔·贝洛的小说《拉韦斯丹》中对人物的描述说。经典著作《留心观察》的作者、哈佛大学心理学家埃伦·兰格认为，培养这种能够发现潜在重要性、隐藏的机会和才能的能力需要“一个过程”。

她解释说：“人们通常会将思维的稳定同所观察到的情况的稳定相混淆。我们多数人直到有大的改革发生时才会醒悟进行改变。如果在情况发生改变时才进行调整的话，那么所看到的事情一定是静止不动的。假如你留心观察的话就会看到事情是在变化的。”所以，不能总以一个惯用的思维方式来对所有的事物进行判断，要积极地留意事物发展当下情形中的新情况来对自己判断的标准做出改变。

“这是情况的不确定性所决定的，”兰格继续说，“否则就不会引起人们的注意。”不确定因素将标新立异的领导和典型的追随者联合在一起。领导者关注改革，也就会让追随者的意见和建议与现实越能够接轨，因而他们会更加信服自己所跟随的领导者。而在追随者明白他们所作出的努力会得到领导者欢迎和鼓励时，领导者的技能也会得以完善。

优秀的领导者几乎都具备某些共同的特征和人格，比如诚信、睿智、敏锐的判断力等，与此同时，他们还具备某些特别的技巧与能力，比如有效的沟通与决策能力。有关领导力的很多研究都认为，上下级之间的关系是单向的，但事实并非如此。此外，追随者并不是千人一面，因此，对追随者不能采用一刀切的方法。与领导者一样，追随者也会在力所能及的范围内捍卫自我利益。虽然他们可能没有权力，至少不如自己的上级有权，但他们并不缺乏力量和影响。

在文化与技术进步的推动下，越来越多的追随者向自己的领导发起挑战，很多时候干脆绕过他们，自己行动。例如，致力于保护动物权利的参与型、活跃型和铁杆型追随者，自己就可以群发电子邮件，利用隐蔽式摄像机收集数据，并把那些骇人听闻的图片发布到各个网站。

在他们的压力下，麦当劳和汉堡王等连锁店开始要求自己的肉禽蛋供应商遵守规定的准则，包括为下蛋的母鸡提供更多的水、活动空间和新鲜空气。2007 年，汉堡王更进一步，宣布今后只向那些不把动物关在板条箱或笼子里的供应商收购鸡蛋和猪肉。

这个例子和其他无数的例子都证明，学术界和企业界人士早就应该从更宽泛的角度来解读领导力，认识到领导者与追随者是密不可分的，无论离开哪一方，另一方都将难以为继。

为了品质：没有合适的员工就不开新店

现在时机未到，在没能拥有足够满足扩张需要的合格员工之前，拿钱拼店数，可能是让海底捞品牌消失的最快死法。

我们不多开店，不是因为没有钱，而是缺少合格的人。大街上招来的人，要经过培训，才有可能成为符合海底捞标准的人。海底捞的火锅店必须由符合海底捞标准的人管，才能有这样高的回报。我们每年开多少店，首先是看能训练出多少合格的干部和骨干员工，然后才看手里有多少可开新店的钱；这么多年我们手里的钱总是绰绰有余。

——张勇谈海底捞开店问题

延伸阅读

“滚雪球式”的加盟发展模式，略知财经知识的人都不会陌生，因为众多的大公司都曾经走过这条路。滚雪球式的发展模式，优势相当明显：在企业初期资本不足的情况下，可以快速扩大市场份额，形成规模效应，但凡事有利必有弊，就像吹气球，过分膨胀的结局就是气球爆炸。

张勇在创立海底捞时，从未想过走规模化的道路，只是个小本买卖的生意人，本本分分地做着手头的火锅店。到后来，海底捞因其优质的服务声名鹊起，张勇才感受到开店的压力：一面是催促他多开店的声音，慕名而来的消费者、国内外投行以及海底捞自身的管理层，都希望海底捞能借着名声，快速在全国各大城市开满分店，甚至张勇本人，内心深处都有一丝心动，哪个生意人不希望自己的生意越做越大，名利双收呢？

不过，张勇还是拒绝了所有人的提议，在海底捞成立之后的15年里，他只开了33家分店。为何这么保守？原因是缺人。中国最不缺的就是人，有钱难道还招不到员工吗？有多少人在肯德基或者麦当劳做过暑期临时工，培训几小时就可以直接上岗，海底捞虽然比快餐厅的服务要求多，但培训一个星期足以上岗了吧？

事实上，一名业务成熟的海底捞服务员，除了为期一周的岗前培训，还需要在门迎组、上菜房、服务组、传菜组、油碟房、配料房、保洁组、凉菜房、库房等所有部门轮流工作，在历经考核之后，才能成为一名业务熟练的海底捞一线员工。培养一名合格的海底捞员工，平均下来需要至少一两年的时间，更不用说大堂经理、店长、小区经理等管理层，其耗费时间更多。如此慢的人才成长速度，自然跟不上滚雪球式的开店速度，这也是张勇说缺人的原因。

而且张勇为了保证各个分店的高水准服务质量，规定新开分店必须有80%是老员工，否则新手太多，水平参差不齐，岂不是自砸招牌？所以在现阶段员工成长跟不上的情况下，张勇为了保护好海底捞这块品牌，必须放慢扩张速度，否则无异于搬起石头砸自己的脚。

Business Develop

企业的发展和人的行走一样，走得太快容易摔倒，一步一个脚印，方能在风云变幻的商海中立于不败之地。

管理大师德鲁克认为，成长过快绝对是企业经营的一种危机。任何组织的规模在短期内迅速扩大了一倍或者两倍，这种扩张速度很可能就超过了组织原本使用的企业认知的限度。

企业在创建以后，成长是一个必经的过程，然而过分追求成长的速度无异于自寻死路。很多企业管理者从来没有想到过，成长过快会是导致企业经营失败的根源。而当自己因此遭遇失败之后，才真正体会到企业均衡发展的重要性。管理行为的艺术性正体现于此，动态的平衡将提供企业经营成长的动力。

五谷道场于2005年11月面市，2006年全国销售额便迅速做到5亿多人民币，荣登当年年底“第五届中国成长企业100强”的榜首。但可惜的是，其成长犹如涨潮一样，来得快去得也快，最终因资金链断裂而深陷困局，难逃被人收购的命运。反观五谷道场从快速增长到快速衰落的发展轨迹，我们在扼腕的同时，更应该引以为戒。

20世纪末，河北邢台人王中旺先生在家乡隆尧县创业，创建了河北中旺食品有限公司，也就是中旺集团的前身。2004年年中，王中旺决定打造一个新的品牌，以实现产品从中低端向高端的扩张和延伸，当年10月，五谷道场注册成立。

2005年年初，为了打造自己的高端品牌，同时也为了有别于康师傅等方便面巨头，五谷道场在品牌价值上出奇制胜，“拒绝油炸、留住健康”“非油炸、更健康”等概念被迅速推出。由于当时油炸食品致癌风波闹得正欢，消费者颇感恐慌，所以五谷道场的横空出世可谓恰逢其时，自然而然地在市场上引起了强大的震动。

似乎一夜之间，陈宝国《大宅门》中白七爷扮相的五谷道场“非油炸”广告开始在央视和地方电视台及各类平面媒体上狂轰滥炸，仅上市前3个月，五谷道场就在各城市选择高档社区、写字楼、学校、车站码头、交通要道进行大规模免费派送。五谷道场由此迅速红遍中国，上市当月即获得600万元的销售额，之后一路增长。市场一天比一天好，半年后，五谷道场在全国铺开，每月回款达3000万元左右，公司上下无不陶醉在差异化的胜利之中。

对于五谷道场的快速发展，许多人给予了高度的评价，用一个简简单单的“非”字将庞大的方便面市场硬生生地劈成了两半，五谷道场由此轻而易举地占据半壁江山。业内专家评价："五谷道场的市场开拓期，在产品定位、品牌区隔、传播方面，做得无可挑剔，可以称得上是策划史上的经典案例。"

在五谷道场的强烈攻势下，2006年方便面行业销售下挫60亿元，之前销售淡季行业开机率为75%，而2006年2月后开机率仅为45%。面对大好形势，五谷道场不断扩大销售队伍，增加产能，加大广告投入，并且同时在全国30多个城市设立办事机构，半年内员工数量一度扩展到2000多人。在北京，原本仅有几十个人的北京本部，居然在很短的时间内建立起一支近千人的销售团队。

但这时的五谷道场已经埋藏着隐患。中旺集团内部人士对媒体透露，五谷道场的财务控制过于粗放，严重透支了企业资源。"我们是中型企业在做大型企业的事情。"就连掌舵人王中旺也曾对媒体承认，"目前我们已经投资了4.7亿元，仅广告费就支出1.7亿元"，真正形成现金流的只有3亿元，这使得五谷道场的现金流开始吃紧。2007年中期开始，五谷道场在全国各地超市相继出现了断货现象，五谷道场这个品牌逐步退出市场，中旺集团只好吞下失败的苦水。

物极必反，成长过快，失败也快。企业成长过快，一方面是因为市场环境给予机会，另一方面是企业管理者主观上过于追求发展速度和规模。中国有句古话，叫作"欲速则不达"，很多企业因为急于扩张或谋求企业的快速发展，造成资金链断裂，结果如意算盘没打成，还赔了夫人又折兵，最后导致了企业的崩溃。

企业的发展仅靠规模扩张是行不通的，规模扩大到一定程度，应放慢发展速度，使企业有个喘息的机会——这是客观事物发生和发展的必然。针对这一问题，企业管理者应把好两个关：

一是企业发展速度要与企业管理水平相适应。企业发展速度太快而相应的企业管理水平未能提高、人才培养等跟不上，就有可能造成管理滑坡，影响企业经济效益。

二是企业发展速度与企业资金的调转速度相适应。如果资金不能及时回笼，没有足够的资金支持企业的发展速度，企业将因为发展过快而陷入被动。

优秀员工
都不是复制出来的

我一直在琢磨餐饮业的核心竞争力究竟是什么，是环境、口味、食品安全还是服务品质？我想了很多，发现这些到最后都不能形成核心竞争力。我觉得人力资源体系对餐饮企业是至关重要的。如果我们能把这个人力资源体系打造好的话，它会形成一种自下而上的文化。我认为这个可能会成为海底捞未来的一个核心竞争力。

设备是可以复制，人复制起来是非常难的。

——张勇谈人才

延伸阅读

张勇把人力资源体系的建设看作海底捞的核心竞争力，因为服务、环境等和餐饮经营有关的所有环节都离不开人的参与。很多同行溜到海底捞以吃饭的名义去考察，派员工到海底捞应聘当卧底，但始终只能止步于一种手段，并没有掌握海底捞的精神实质。

有些同行希望能从海底捞挖上几个人才，回去复制一下，没准儿能复制出个海底捞。他们挖不动店长，就盯上了大堂经理，这个也没法得逞时，就向领班“下手”，实在不行连服务员也挖。因为在他们看来，只要是在海底捞干过的人就是人才，就不一般。

一次，另一个餐厅管理层的几个人到海底捞去吃火锅，他们已经不是第一次来了，但每次不管怎么挑毛病也没有成功。这次，他们把服务员叫过来，直接告诉她要一杆秤看看羊肉的分量够不够。

几个人正等着看服务员的反应，没想到，小姑娘问，是要用海底捞的秤呢，还是她帮着专门去买个呢。这几个人一下子笑了出来，直接告诉了小姑娘他们的来意。小姑娘微微一笑，说，之前我就看出来了，不过我们特别欢迎，因为你们的存在才让我们更加要求自己做到更好。这才是这个小姑娘来海底捞的第八个月。

即使是服务员，只要是海底捞的，都机灵活泛，到了别的餐厅也能做个领班。先不说海底捞的员工很难被挖走，即使是挖走了也很难复制出一样的人才。

当然，这也是张勇最为头疼的问题。不但同行想复制人才，张勇自己也这么想，他也希望培养出一个好的服务员，就能复制出很多同样的人才。但人不是机器，人是灵活多变的，培养员工不像制造冰箱、汽车那样，用一套标准流程就能生产出符合公司标准的员工。因此，他一方面为海底捞创建标准化的工作流程，一方面根据不同人的标准制定创新化的机制。

海底捞的服务员在外界的名声很好，不管是在同行中，还是顾客中，张勇却还有很多不满意之处。在他看来，说海底捞的每个员工都能做到最好的服务就太夸张了，海底捞肯定有很多服务很好的员工，但也有一部分服务做得很不达标。不是内行人可能很难看出他们的不专业之处，也或许看到了并没有放在心上。但是张勇都看在眼里，每当这时候，他就非常生气，但是让自己最初的想法传达到每个人是一件不可能完成的任务。

人才是很难复制的，不仅是竞争者之间，在自己公司内部也是如此，张勇能做的就是尽力地去传达，尽最大可能影响更多的人，这就足够了。

你的眼睛还在死死盯着财务报表不放么？也许是时候把注意力从财务报表上适当地挪开了：财务报表告诉我们的东西永远是滞后的，它只能告诉我们过去发生了什么，而不能告诉我们未来应该向哪里去。决定一个企业未来发展最关键的因素是人才，是被张勇称为核心竞争力的人力资源，或者说，是能否留住优秀人才。

一个成功企业的管理人员应该把工作主次和依赖的重点对象搞清楚，并不断地对人才加以鼓励和奖赏，才能留住最需要的顶尖人才。

沙伦·乔丹－埃文斯认为，在留住优秀员工的工作中，高级管理人员和职业经理人应该经常询问他们的骨干员工："我们需要做些什么才能让你们继续留在公司？在职业生涯的下一个阶段，你打算做什么？比如，学习新东西，换头衔的机会等。"同时认真倾听他们的需求，与他们交流现在能提供和不能提供的实际情况，给予优秀的员工你确实非常重视他们、依赖他们并且希望对他们有所奖励的感觉，他们感觉到自己的重要性后就会更愿意留下来与你一起工作，即使其他公司向他们发出友谊的橄榄枝。

加利福尼亚大学洛杉矶分校安德森商学院人力资源管理高级项目的主管戴维·卢因认为："影响人才保留的另外一个重要因素是'提供最适合员工个人兴趣的工作'，在这个过程中，经理依然扮演着主要的角色。"在非物质这个方面，每个员工的需求差异非常大。比如，确保优秀人才在工作中得到重视，要找出这些员工并予以肯定，为员工提供清晰的职业发展规划。公司应对每个员工进行具体分析，从实际行动上满足他们在非金钱方面的兴趣和偏好。

事实上，罗伯特·哈夫管理资源公司的执行董事保罗·麦克唐纳也提出过类似的观点，他建议经理们调整自己的工作方法，让下属们更多地参与公司事务，借以培养他们对组织的责任感：一个好的经理应该给予下属一种他们被授予了相当的权力的感觉，让他们有足够的空间去依据自己的感觉做出判断，勇敢地进行冒险。

这样不仅可以开阔下属的工作思路，更可以激发优秀员工的创造力，让他们认识到：他们是有能力为自己的行为做出最佳判断的，但与此同时，必须为他们的决定承担相应的可能发生的责任。在一个企业的艰难时期，管理者需要和员工进行开诚布公的交流，在员工有顾虑、问题、想法时，管理者也应及时出现，管理者要给每一个员工足够的重视，因为，没有一个人愿意感到自己是被搁在不受重视的角落里被忽视。

比如，QuaerO 是主动解决保留率问题的公司之一，在 QuaerO 公司从成长期向生存期转变的过程中，公司管理层曾做出了一些强硬的决策。但他们很快意识到，这些决策将会使公司陷入危险之中，至少会影响到公司的某些员工。QuaerO 公司很快认识到了问题的严重性，并且迅速采取措施，同员工进行一对一的会谈，做到从上到下信息透明，QuaerO 公司还建立了新的员工沟通渠道，通过问卷调查的方式就员工的看法和优先关心的问题进行了调查。在这次调查中，他们迅速掌握了员工对公司的看法和他们在组织中的角色，也使大部分员工感受到自己的被认可程度。

让员工感受到自己在企业中的价值所在，他们就会非常忙碌，想要把自己全部投入到工作中的热情会使他们不再有多余的时间和精力左顾右盼，不会再去接听其他公司的招聘电话或是出入招聘会。

古人“千金买马骨”，今天我们“万金奖骐骥”。在人才极度紧缺的今天，我们不能失去任何一位优秀的员工。一个优秀的企业管理者应该意识到，士气与总体经济状况有着不可分割的重要联系。

普华永道（PwC）公司审计咨询服务部门的全球领导人弗兰克·布朗还认为：无论市场出现有利情况还是不利情况，优秀人才总是能找到机会。所以换一种说法，对于一个企业的领导者而言，想要留住员工，就需要建立一种文化，让员工觉得自己的工作有价值，自己的观点会得到肯定和重视，自己的创新想法会受到欢迎，自己的成绩会得到赞许和奖励。

有针对性、层次性和长期性地留住有专才的员工，是一个企业成功的秘诀所在。

海底捞
永远需要软实力

我觉得现在制约我们的还是人力资源等几个体系的问题。一个企业要发展，还是软实力的问题。软实力就涵盖了人力资源体系、信息化管理体系、财务体系、物流体系，等等，只有把这些体系建立起来，海底捞才能成为一个真正的品牌。当这些体系都很差的时候，你拿一大堆钱开很多店，这不是加速毁灭吗？所以我觉得现在不是快速扩张的时候，现在是静下心来打造基础体系的时候，我这么多年一直坚持这个观点。

——张勇谈海底捞基础体系建设问题

延伸阅读

在各种各样的餐饮行业中，火锅业属于中低端、大众化的行业。行业中千千万万个火锅店，自然也分为三六九等。虽然海底捞起步时的规模只能算作九等末节之流，但在品质和服务上，至少是优于很多大火锅店的。从海底捞“出生”起，就注定了它不是一个中低端的品牌，因为海底捞的缔造者——张勇将它定位成火锅行业的标杆。早年间，张勇接受采访时，还略有羞涩地表示：“我觉得做生意嘛，你没有必要非把自己说是要建设成一个民族品牌，我念的书又不多，我想那种建民族品牌的事情让那些念过书的人去做吧，我们这些人过过小日子就可以了。"

到了这两年，张勇不再掩饰自己内心的想法，他希望海底捞能成为国内火锅业的第一品牌。做品牌与做生意相比完全是两码事：做生意无非就是赚钱，做品牌却可能要面对有利益不赚，甚至倒贴的情形；做普通火锅店也只需要分店够多，硬件跟得上就行，而做海底捞这块招牌，相比于硬件，软实力更重要。

张勇为了打造高端品牌，有意放慢海底捞的扩展速度，多年来多次拒绝投行投资，专注于将更多的金钱与精力投入海底捞的软件提升中。张勇在提升海底捞软实力过程中，着力去除海底捞早期的人治色彩，促使员工考核、原料配送等原有的软性标准向硬性标准化靠近。在张勇看来，海底捞早期的软性人性管理的确很成功，但伴随海底捞的发展，最终都将被硬性标准化制度所取代。

海底捞还与美国夏晖公司合作，在全国建立了 4 个现代化的原料配送中心。从农户手中购得的原料先要经过全面的质量检测，随后进入冷库；在经过第二道质量检测之后，原料进入自动清洗、分离、甩干流程，经过第三道严密的细菌含量检测之后，才能包装运往各个分店。进入海底捞分店之后，一线服务员大大减少工作量，只需要拆装、称重、配菜即可。接下来张勇还会进一步推进海底捞的硬性转变，将建立智能化的火锅店，从顾客进门、点餐、下单、配菜、上菜全自动，劳动密集型的餐饮业甚至将没有服务员的身影，不过目前这还处于试验阶段。

Business Develop

企业软实力（soft power），这个概念自 20 世纪 90 代被美国学者约瑟夫·奈（Joseph Nye）提出之后，越来越受到企业管理者的重视。如果说企业硬实力是着眼于物的话，那么软实力的重点则是人。

随着市场经济的发展，企业之间的竞争也日趋激烈，近于白热化。现代企业的核心竞争力也由过去的资本、规模等硬实力，转为企业的软实力，即企业的基础体系建设。

一个企业的基础体系，包括人力资源体系、营销体系、管理体系及服务体系 4 个大类。如何打造企业的基础体系，夯实基础，可以从下面的流程中有所学习。

第一步，调查研究。即深入现场进行考察，以探求客观事物的真相、性质和发展规律的活动。它是人们认识社会、改造社会的一种科学方法。

第二步，在调查研究的基础上，科学合理地制定组织标准和架构。这是一个长期的，不断完善的过程。实事求是，灵活机动，再加上科学合理的标准和架构，必将为企业带来无限生机和活力。

第三步，办公流程再造（Business Process Reengineering，简写为 BPR）。由于管理过度细化，管理成本加大，日见膨胀的信息量和信息流通量正在成为无形的障碍，有人发现，问题不在工作本身也不在工作的人，而是在整个流程的结构。

BPR 是“对企业的业务流程作了根本性的思考和彻底重建”，其目的是“在成本、质量、服务和速度等方面取得显著的改善”，使得企业能最大限度地适应以“顾客（Customer）、竞争（Competition）、变化（Change）”为特征的现代企业经营环境。

它包含 4 个关键特征：显著的（Dramatic），根本的（Radical），流程（Process）和重新设计（Redesign）。BPR 追求的是一种彻底的重构，而不是追加式的改进。

第四步，资源重新配置（Enterprise Resource Planning，简写为 EPR）。企业资源重新优化配置，重点在于“优化”二字，就是通过企业内外部资源的重新配置，以尽量少的资源成本，获得尽量多的效益，即资源的最大化利用。这既是资本升值的过程，也是降低成本的过程。

企业在重新优化资源配置时，不仅仅要考虑企业内部的人力、财力、物力、信息科技等方面，也要放宽眼光，考量相关的社会资源，包括政策趋向、人力资源、行业环境等。在具体措施上，主要有：降低人力成本，“下岗分流，减员增效”；选择合理的融资方式，科学资本运作，让有限的财力发挥最大的效益；同时要改善企业经营管理，为企业管理体系“瘦身”精简。归根到底，企业资源重新优化配置，关键要看是否符合本企业实情，采取因地制宜的具体操作方法。

企业体系建设是一种实践过程，不是光喊口号。有了这些方法之后，还要注意以下两点：

1. 严格执行

企业体系建设是一门科学，它是不以人的意志为转移的，要求我们一定要非常严谨，一旦确定，就要认真执行。

2. 不断完善

企业体系建设本身是一种实践的过程，它遵循实践的发展规律：实践，认识，再实践……循环往复以至无穷，企业在这个过程中就会日益发展和提高。

以上几点只是就企业体系建设的普遍性规律而论，具体运用中还要根据企业自身特点，实事求是，调查研究，灵活机动，大胆创新，加强体系建设，塑造企业自身充满生机和活力的企业体系，综合提升企业软实力。